MICHELE TAVERNA

SOLUZIONE AMAZON

Guida Pratica Dalla A Alla Z Per Creare Un Business Di Successo Su Amazon Seguendo 5 Semplici Passi

Titolo

Soluzione Amazon

Autore

Michele Taverna

Editore

Bruno Editore

Sito internet

http://www.brunoeditore.it

Sommario

Prefazione
A cura di Alfio Bardolla

Quando hai più di quindici anni di esperienza nel settore della formazione e hai avuto centinaia e centinaia di dipendenti, hai avuto anche numerosi soci con diverse abilità in diversi settori.

Credo che questo mi renda abbastanza bravo a capire quali sono quelle persone che hanno una marcia in più. Quelle persone che hanno quella voglia di arrivare, di studiare e di imparare che ha da sempre caratterizzato tutta la mia vita.

Ho conosciuto Michele durante un mio corso, si era distinto tra le più di 3000 persone presenti per avere vinto un contest che consentiva un pranzo con me. Ho avuto modo di incontrare e parlare con tantissime persone nella mia vita e nella mia carriera: imprenditori, studenti, soci e chi più ne ha più ne metta.

Questo mi ha permesso di sviluppare un incredibile super potere:

riconosco subito un fuoriclasse quando lo vedo. Riesco a riconoscere veramente in una frazione di secondo quelle persone con le quali posso creare un'azienda, sapendo già che avremo tutte le carte in tavola per avere successo.

Sono molto onorato di scrivere la prefazione del suo primo libro perché credo che quello che Michele ha fatto nella sua vita: cioè partire dal nulla migliorandosi come persona, crescere imprenditorialmente, imparare e studiare per fare sempre meglio del giorno precedente, sia una cosa davvero straordinaria.

Soprattutto, sono onorato di avere creato un'azienda insieme a lui che ha lo scopo di aiutare altre persone a fare lo stesso. Che si impegna a insegnare come vendere anche prodotti italiani all'estero aiutando le imprese italiane ad aumentare la distribuzione, che aiuta persone normali come era lui a crearsi un'indipendenza finanziaria, ma anche un'educazione finanziaria, grazie a questo strumento eccezionale che è Internet.

In modo particolare l'ecommerce, che non è solamente un negozio online ma è il posto più grande al Mondo dove ci sono anche più clienti rispetto a un qualsiasi altro negozio fisico. Questo straordinario ecommerce si chiama Amazon.

Vendere prodotti su Amazon credo sia un'opportunità alla portata di tutti ma come tutte le attività che hanno una facile barriera d'accesso, hanno un grosso problema: bisogna imparare il mestiere ed esercitarlo da professionisti per potersi distinguere.

Il mestiere è impegnativo e richiede un aggiornamento costante oltre che capacità fuori dal comune. Sappi che oggi avrai la possibilità di imparare questo business dal migliore, avrai la possibilità di capire quali sono i trucchi del mestiere che lui stesso e il suo team utilizzano.

Scoprirai come arrivare più facilmente e più velocemente al successo che meriti dal punto di vista finanziario, creandoti una vera e propria azienda lavorando da casa, sviluppandola e migliorando la qualità della tua vita e delle persone che ti sono vicine.

Ti consiglio di leggere questo libro fino in fondo e con molta attenzione, sarà pieno di consigli ma sarà anche pieno di sfide. Arrivare a dominare un mercato o una nicchia non sarà un gioco da ragazzi, solo chi sviluppa grandi capacità è in grado di farlo ma con una guida come quella di Michele non potresti essere in mani più sicure.

Sono davvero convinto che questo libro ti aiuterà a sfondare in questo settore. Ho potuto vedere il metodo con i miei occhi e ho potuto assistere personalmente a come Michele e il suo team hanno aiutato centinaia e centinaia di persone vedendone i risultati.

Non mi rimane che augurarti buon viaggio, divertiti in questa avventura e buona lettura.

Chi è Alfio Bardolla?
Alfio Bardolla è il padre della formazione in ambito finanziario in Italia. È definito come il Financial Coach per eccellenza in Europa, primo a portare in Italia il concetto della libertà finanziaria e della finanza personale nel nostro Paese.

È autore di ben 8 libri bestseller.

A proposito di apripista, è stato il primo in Europa ad aver quotato un'azienda in borsa nel settore della formazione e crescita personale e finanziaria.

È un imprenditore con più di 30 aziende attive, un investitore immobiliare esperto, uno dei trader migliori in Europa, con riconoscimenti vinti a livello globale documentati e visibili.

Oggi vanta un patrimonio netto di oltre 40 milioni di dollari.

Capitolo 0:
Il Mondo Amazon

"Ok, fermi tutti! Alfio dice queste cose di te e tu cosa fai? Fai iniziare il tuo primo libro con il capitolo zero?! Vergogna!"

Non agitarti da subito, fai un bel respiro profondo. Avrai modo per rimanere sconvolto delle cose che ti dirò per tutta la durata del libro, quindi, non iniziamo con il piede sbagliato. Voglio subito farti sapere che ogni cosa che troverai scritta qui dentro potrebbe risultarti "strana", contro intuitiva, folle, assurda o addirittura falsa.

Potresti perfino arrabbiarti e buttare questo libro dal balcone o perfino nel tuo caminetto (qualora ne avessi uno, quindi ti invito a leggere questo libro a una distanza preventiva di almeno 10 metri così da evitare raptus incontrollati che questo libro potrebbe provocarti).

Ti voglio avvisare che questo libro sarà "crudo", non girerò intorno a concetti spinosi per renderteli più digeribili. Sarà violento, vero e brutale per certi versi.

Questo libro non è stato scritto con l'obiettivo di attrarre il *like*, non è stato scritto con l'intento di avere *followers*. Questo libro ha un solo grande scopo: insegnare a vendere su Amazon senza fare prigionieri. Ti insegnerà come fare la guerra e come vincerla.

In questo libro troverai verità che nessuno ti vuole insegnare perché le usano contro di te per manipolare i tuoi processi decisionali quando vogliono venderti i loro prodotti.

Quindi, se sei interessato/a a *likes*, *followers* o cose di questo tipo perché credi che un giorno prima o dopo (senza sapere come) riuscirai a monetizzare le tue passioni, beh, chiudi questo libro, buttalo pure nel caminetto oppure regalalo a chi vuoi. Non sei la persona giusta, mi dispiace.

Questo libro ti insegnerà a fare cose pratiche e dannatamente reali. Ti insegnerò come vendere prodotti online su Amazon sia che tu abbia già prodotti tuoi da vendere, sia che tu non abbia la minima idea di cosa vendere. Ti insegnerò come si gettano le basi per creare una multinazionale che può arrivare a fatturare anche milioni di euro al mese.

No, non è una promessa di soldi facili senza muovere un dito. Dovrai darti da fare sul serio per arrivare a quei risultati. Ma… È possibile, è reale ed è fattibile. Molte persone sono riuscite in questo intento in ogni parte del Mondo. Le strategie che hanno utilizzato sono le stesse che troverai all'interno di questo libro, nessun segreto ti verrà tenuto all'oscuro.

Quello che ha generato quei risultati è semplicemente un'attitudine, una serietà, una determinazione, una caparbietà e una visione diversa dal comune.

Ti senti pronto a immergerti con me in un viaggio all'interno dello spietato, ma incredibilmente profittevole, Mondo del commercio online? Beh, se pensi di avere lo stomaco per digerire tutte le verità e le strategie che ti dirò, allora, alla fine di questo libro, ti farò un regalo. O magari più di uno, che ne sai…

Però te lo darò solamente se avrai dimostrato di avere la stoffa per poter avviare il tuo primo business online e portarlo a profitto! Come? Rispettando l'impegno con te stesso di imparare leggendo fino all'ultima riga questo libro.

Che maleducato! Non ti ho nemmeno detto chi sono in breve. Mi presento in due parole, ci sarà un capitolo in cui potrai deliziarti con la mia storia personale, capire da dove vengo (cioè dal nulla), scoprire tutte le sfide che ho dovuto affrontare e la verità su come ho fatto per arrivare fino a qui.

Lezione 1:
Lo farò in terza persona perché a livello di posizionamento aumenta il valore percepito e l'affidabilità, quando tu stesso parli di te come se stessi parlando di un altro per intenderci. Quando dovrai vendere qualcosa online ricordati che questa è un'ottima tecnica manipolatoria di copywriting *per elevare l'autorevolezza del tuo brand.*

Le persone non percepiscono che sei tu stesso a scrivere quelle parole. Tu ora lo sai perché te l'ho detto chiaramente a scopo didattico, eppure il tuo cervello eliminerà questa informazione nel momento stesso in cui inizierai a leggere le parole che seguono.

Hai capito bene, non stavo mentendo quando prima ti dicevo che sarà un libro molto controverso e pieno di verità anche "spiacevoli".

Michele è partito in questa attività con il suo migliore amico. Il loro budget unito ammontava a circa 2.000 euro. Senza che entrambi avessero nessuna esperienza pregressa nel settore, in un solo mese hanno generato esattamente 18.672,21€ di fatturato. Tutto questo vendendo al doppio del prezzo dei loro *competitors* che erano sul mercato da anni, avendo inoltre un margine netto superiore al 40%.

In soli 9 mesi ha portato la loro azienda a più di 4.000€ al giorno con solo 2 prodotti venduti nel mercato italiano.

Scelto e incoronato da Alfio Bardolla come bandiera italiana per il business del commercio di prodotti fisici online.

Ha calcato i più prestigiosi e illustri palcoscenici italiani parlando davanti a centinaia e centinaia di imprenditori che volevano imparare come portare la propria attività online.

Decine e decine di suoi studenti, grazie al Metodo Evolution, stanno generando oltre 1.700 euro al giorno di vendite.

È stato il primo in Italia ad avere portato all'interno del panorama della vendita su Amazon concetti rivoluzionari. Mixando agilmente marketing, *copywriting*, strategie e tecniche innovative di persuasione del cliente che hanno generato milioni di euro in vendite.

Michele ha creato il sistema *step by step* più imitato e copiato d'Italia: il Metodo Evolution. Il Metodo che ha permesso a loro e a centinaia di studenti di vendere a prezzi più alti rispetto alla concorrenza semplicemente applicando qualche semplice strategia.

Autore best seller su Amazon grazie al libro che stai leggendo. Imprenditore online seriale ed esperto di vendita online, marketing a risposta diretta, *copywriting*, *online strategist* e *ecommerce specialist*.

Fa decisamente un bell'effetto parlare di sé in terza persona, vero?! Ora che ho fatto gli onori di casa e mi sono brevemente presentato direi di evitare di perdere altro tempo e partire subito con il "succo" di questo libro.

Pensi di essere pronto? Lo vedremo. Lo sapevi che Amazon è l'unica azienda al mondo che ha una capitalizzazione di quasi 2 triliardi di dollari, definita quindi una "trillion dollar company"?

Un dato sicuramente interessante, che lo diventa ancora più quando scopri che una parte degli utili di questa azienda possono entrare direttamente nelle tue tasche con "dividendi" pagati ogni due settimane.

"Cosa? Nel mio portafoglio i soldi di Amazon?". Sì, hai letto bene. Con il sistema che ti spiegherò in questo libro, avrai l'opportunità di diventare "socio" del più grande marketplace mai esistito prima d'ora.

Voglio essere chiaro da subito con te, socio non inteso come investire soldi in quote azionarie di questa società. Non si tratta di trading, di investimenti azionari o criptovalute. Per intenderci, non avrai delle partecipazioni all'interno della stessa ma lavorerai con loro (non per loro), sfruttando una quantità incredibile di aspetti altamente vantaggiosi, che troverai descritti successivamente.

Qual è l'unica cosa al Mondo che muove l'economia? Ci hai mai pensato? Beh, te lo dico io: il commercio. Il commercio è da sempre il modo più solido e più rapido per generare ricchezza. Fin dall'inizio dei tempi il commercio è entrato nel nostro tessuto economico e ha tirato i fili dell'economia mondiale.

Pensa alla Cina di 20-30 anni fa, non era di certo la superpotenza economica che è oggigiorno. Come ha fatto uno Stato arretrato e sotto "regime dittatoriale" a diventare nel giro di pochi decenni una delle principali potenze economiche al Mondo? Commerciando.

Chiunque da bambino ha sognato di vendere prodotti almeno una volta. È facile capire il perché: è la cosa più intuitiva e logica per fare soldi. Infatti, il ragionamento è molto semplice: compro a 1 e rivendo a 10. Cosa c'è di più facile? Nulla.

Questo è il principio sul quale Amazon ha gettato le proprie fondamenta. L'essere umano può fare a meno di tutto, tranne di una cosa: di comprare prodotti e beni essenziali scambiandoli per soldi.

L'essere umano non esisterebbe se non rispettasse la regola madre del commercio e Jeff Bezos, fondatore e Ceo di Amazon.com, nonché attualmente l'uomo più ricco del mondo, con un patrimonio netto superiore ai 200 miliardi di dollari, lo aveva capito già negli anni '90.

L'idea brillante di Bezos arriva in un momento in cui il tessuto di internet non era ancora così presente nella società ma la sua lungimiranza gli fa vedere un'opportunità. Jeff infatti capisce che se il commercio "offline" tradizionale ha sempre guidato il mondo quindi, internet (quindi l'online), avrebbe certamente potenziato e messo in leva questo processo, facilitandolo, rendendolo più comodo e più sicuro.

Amazon non è altro che il più grande supermercato al Mondo che puoi avere sempre nella tua tasca sul tuo smartphone. Puoi trovare di tutto, seriamente, pensa alla cosa più assurda che ti viene in mente, cercala su Amazon e… la troverai di certo!

Potresti perfino avere acquistato questo libro su Amazon (magari in formato kindle, magari in forma cartacea), ma quante altre cose compri ogni mese dal lato utente? Perché lo fai? Perché è super sicuro, super rapido e dà una gratificazione immediata incredibile quando suona il citofono e vedi il corriere Amazon sorridente con un "pacco" per te.

Se leggi questo libro, probabilmente sei in queste due situazioni: o vuoi portare i tuoi prodotti, che già vendi nel tuo negozio o sul tuo sito web, su Amazon per espandere la tua rete vendita in tutta Europa, oppure stai cercando un'opportunità per fare soldi da casa in maniera comoda e senza stress.

Devi sapere una cosa, che tu sia in qualunque di queste due

casistiche o che tu abbia semplicemente voglia di fare più soldi la regola numero uno per fare soldi è solo una: vendere. O vendi o verrai venduto. Gli imprenditori comprano il tempo delle persone per incrementare le loro vendite e aumentare i loro fatturati.

Questa è la grande verità che devi accettare il più rapidamente possibile. Se stai lavorando come dipendente sappi che stai scambiando il tuo tempo per (pochi) soldi mentre tu ne produci tanti che però vanno nelle tasche dei tuoi superiori. C'è di peggio: hanno comprato la tua libertà perché tu stesso gliel'hai venduta.

L'unico modo che hai per diventare libero è quello di vendere qualcosa a un mercato potenziale e riprendere la tua libertà. Amazon sarà il tuo più grande alleato perché tutto il Mondo cerca prodotti da comprare su questo ecommerce. Se non ci sarai tu ci saranno i tuoi *competitors* e se ancora non ci sono, beh… preparati, perché presto apriranno gli occhi e si faranno la domanda fatidica: "cosa sto aspettando?".

Come puoi fare per guadagnare vendendo su Amazon? In questo libro ti dirò ogni cosa che ti serve sapere. Ti illustrerò, in maniera chiara e nitida, tutto il processo che io, Alfio e centinaia di migliaia di persone stiamo e stanno facendo, come piace dire a Jeff, dalla A alla Z.

Ma la domanda fondamentale alla quale devo rispondere è: perché è un'occasione incredibile imprenditorialmente parlando? Beh, se ancora non lo hai capito te lo spiego subito terra terra, così da poter essere chiaro e nitido già in queste prime fasi del libro.

La risposta è molto semplice: perché ti permette di creare una vera a propria multinazionale che vende prodotti in tutta Europa, anche se non hai mai venduto nulla online, anche se hai pochi soldi, anche se non hai grandi *skills* di marketing o imprenditoriali.

L'unica cosa che dovrai fare è comprendere in modo approfondito questo business e investire nella tua formazione in modo da evitare errori e da aumentare le tue probabilità di avere successo.

È un business apparentemente molto semplice ma non è facile, le cose da fare a livello tecnico sono davvero poche ma dovrai farle al meglio e imparare strategicamente a creare un brand e un prodotto che funzioni. Avere le informazioni giuste farà la differenza tra il raggiungimento dei tuoi sogni e il fallimento.

Il tuo compito in pochissime parole sarà quello di studiare (in primo luogo) e poi, operativamente, quello di fare da tramite. Ti insegnerò come scovare un prodotto per il quale c'è una domanda di mercato manifesta. Ti insegnerò anche come analizzare il mercato scoprendo quanto guadagnano i tuoi futuri *competitors* così da sapere se e che nicchia di mercato aggredire.

Tutto questo lo farai seguendo passo dopo passo il sistema che ho testato e brevettato con il nome Metodo Evolution. Avrai in mano lo stesso metodo che ha generato milioni di euro in vendite per noi e per i nostri studenti.

Imparerai le migliori strategie per contattare le fabbriche in maniera sicura, facile e senza rischi, le regolamentazioni per le importazioni e il processo guidato per mandare i tuoi prodotti dalla fabbrica cinese direttamente al magazzino di Amazon. Il tutto anche senza aver mai visto il tuo prodotto "dal vivo".

Ti insegnerò tutte le armi segrete che mi hanno permesso di ottenere i risultati che ho generato: dal marketing strategico, alle tecniche di creazione del prodotto, dalla markettizzazione alla scelta del prezzo, passando dall'identificazione del cliente target fino alle più sofisticate analisi di mercato.

Imparare tutto questo sarà come avere il tuo Martello di Thor personale nella tua mano con il quale potrai fare a pezzi i tuoi *competitors*.

Per questa ragione quando mi viene fatta la domanda: "qual è la probabilità di avere successo se ascolto e applico esattamente i tuoi consigli e se investo nel tuo percorso formativo?". Io ho solamente una risposta netta da dargli: il 100%.

Ovviamente il 100% è una percentuale piuttosto alta alla quale voglio precisare una questione per evitare incomprensioni di ogni tipo. Il 100% degli studenti che applicano al 100% quello che insegno ha successo e ottiene ottimi risultati, a prescindere dal budget di partenza con il quale si inizia questa attività.

Quali vantaggi e quali benefici avrai da questo business? Facciamo alcuni confronti tra questo modello di business e quello di un negozio offline per poter capire meglio tutte le criticità in maniera molto pratica e concreta.

Quando crei un'azienda hai un problema enorme alla base: come trovo clienti interessati ai miei prodotti e che siano pronti a pagarmi per quello che vendo. Questa è la domanda intrinseca alla quale ogni imprenditore o commerciante deve rispondere ogni singolo giorno se vuole poter aprire il mese prossimo la saracinesca.

Parliamo della *lead generation* per esempio (in italiano sarebbe la generazione automatica di clienti profilati che cercano il tuo prodotto e che mostrano un interesse concreto e reale per quello che vendi).

Infatti, se deciderai di vendere su Amazon non dovrai preoccuparti nel creare sofisticate strategie di marketing per cercare clienti che vogliono il tuo prodotto. Saranno i clienti di Amazon stessi a trovarti, se avrai fatto le cose per bene, seguendo delle strategie molto semplici che io ti insegnerò. Cosa ancora più importante? Non dovrai spendere un solo euro per acquisire quei clienti. Non è fantastico?

Se decidi invece di aprire un'azienda fisica, immaginiamo un negozio, dovrai fare pubblicità per esempio a mezzo di cartellonistica, volantinaggio, spazi in radio e chi più ne ha più ne metta. Forse non sei a conoscenza di quello che stai facendo, ma stai attuando una strategia che, in gergo tecnico, viene chiamata appunto di *lead generation* (generazione clienti interessati).

Questo è un metodo molto vecchio e spesso superato ma, se il Roas (ritorno economico sulla spesa pubblicitaria. È un indice che prende in considerazione solamente quanto abbiamo speso in pubblicità e quanto quella pubblicità abbia generato in termini di soldi) dovesse essere positivo, allora sono il primo a non incentivare l'abbandono di questi metodi.

La verità è che questo metodo ha una criticità non da poco: spendete tanti soldi subito con la speranza che porti risultati e non vi è possibile sapere quanto questa strategia abbia convertito in termini di vendite e se ha senso continuare a investire su questi canali. Questa strategia si chiama *Pay and Pray*, ovvero "paga e prega che funzioni".

Non hai il controllo di nulla. Non sai se quel cartellone ha davvero funzionato oppure no. Non sai se quel cliente è effettivamente passato nel tuo negozio a comprare perché ha ricevuto quel volantino. Anche qualora avessi un gestionale che ti permetta di incamerare i dati dei tuoi clienti, dovresti fare un sondaggio e chiederlo direttamente a lui. Sai cosa succede il 90% delle volte? Non lo sa nemmeno lui perché è lì.

Se invece hai un *ecommerce* online non su Amazon, la musica non è poi così diversa. Devi fare fronte a delle spese pubblicitarie (Facebook Ads, Instagram Ads, Google Ads, YouTube Ads…) importanti.

Qui il problema che riscontro, nella maggior parte dei casi, è che gli imprenditori spesso non hanno idea di quello che stanno facendo. Per creare un ecommerce spesso va costruito un ecosistema di online marketing che converta e che profili il cliente in due direzioni. Questo non è affatto semplice, non si può improvvisare perché per i prodotti fisici esiste un mondo a parte.

Quello che per un imprenditore funziona in organico (creando il proprio negozio online e mandando traffico a questo) potrebbe non applicarsi al tuo prodotto. Quindi sarebbe molto meglio magari creare un *funnel* di vendita che porti ogni giorno potenziali clienti profilati all'interno del tuo negozio. O magari chiedergli i dati e il numero di telefono e mandargli offerte personalizzate in base al form che ha compilato.

Insomma, come puoi vedere anche tu, potremmo andare avanti all'infinito con le casistiche. Questa è la causa che manda in crisi le piccole e medie imprese che vendono prodotti: la mancanza di strategia per ottenere ogni giorno nuovi clienti.

Con Amazon tutti questi problemi sono dimenticati, inesistenti. I tuoi clienti cercheranno il tuo prodotto a tutte le ore del giorno e della notte, senza distinzioni di giorni o festività. Le persone vanno su Amazon per acquistare, vogliono comprare.

Se tu sarai presente, parteciperai alla competizione e ti insegnerò come vincerla. Non dovrai cercare nessun cliente, non dovrai fare alcun tipo di pubblicità, non dovrai imparare complesse strategie e non dovrai nemmeno essere un fenomeno con il pc.

Amazon ti aiuterà, ti darà tutti gli strumenti necessari per vendere al meglio sulla sua piattaforma e io, dal canto mio, ti insegnerò le migliori strategie per diventare il numero uno nella tua categoria per fare esplodere le tue vendite.

Non è tutto, infatti Amazon si occuperà anche del *customer care* ovvero si preoccuperà lui di stesso di curare i nostri clienti affinché siano soddisfatti. Non dovrai assumere nessuno per risolvere i problemi dei clienti.

Amazon ha un efficientissimo *customer service,* creato appositamente per assistere i tuoi clienti più problematici. Dimentica il fastidio di parlare con clienti scontenti, quel compito spetterà ad Amazon e tu potrai solamente guardare i fatturati aumentare.

Non avrai nemmeno i costi di magazzino e di stoccaggio che avresti normalmente con un negozio fisico. Qualunque imprenditore che abbia un magazzino con della merce stoccata sa di cosa stiamo parlando e dei costi che possono comportare. Amazon ci toglierà in grandissima parte questo onere.

Perché? Perché pagherai solamente una piccola percentuale su ogni prodotto che avrai venduto per coprire i costi di stoccaggio e spedizione. Ovviamente questa percentuale la scoprirai una volta che avrai deciso il prodotto.

No, non sarà una sorpresa che scoprirai dopo che avrai il prodotto sul mercato. Amazon ci mette a disposizione un calcolatore di commissioni gratuito così che, in fase di analisi di mercato e ricerca prodotto, abbiamo modo di avere il quadro completo delle commissioni.

Questo ci sarà molto utile per poterle tenere in considerazione in fase di calcolo dei margini e del Roi.

Non sai cos'è il Roi? Te lo spiegherò molto rapidamente: si tratta dell'acronimo di Return On Investment che tradotto letteralmente in italiano sta per ritorno sull'investimento.

È una formula molto semplice che si calcola dividendo l'utile netto fratto il capitale investito. Troppo difficile? Ti farò un esempio che ti permetterà di capire esattamente cos'è nella pratica. È molto più difficile dirlo che farlo.

Immagina di avere investito 10.000€ nei tuoi prodotti. Il prodotto è un successo incredibile e tu da quei soldi investiti riesci a guadagnare 100.000€.

Come si calcola il Roi? Prendiamo i 100.000€, sottraiamo le spese che abbiamo avuto, in questo caso 10.000€, per un risultato di 90.000€ di utile netto.

Ora quello che faremo sarà prendere il nostro utile netto di 90.000€ e lo divideremo per il nostro investimento iniziale (i nostri 10.000€ di prodotti). In questo caso fa 9, il che vuol dire che ogni singolo euro che noi abbiamo investito ha fatto il x9.

Semplice, no? Ma andiamo per step, avremo modo di spiegare poi nel dettaglio ogni singolo aspetto, non preoccuparti.

"Sì, Mitch, ma se c'è un reso da parte di un cliente?". Posso garantirti che non lo saprai neanche perché Amazon si occuperà di tutto senza che tu ne sia nemmeno informato. Andranno a riprendere il prodotto, lo controlleranno in magazzino e, se questo prodotto è in buone condizioni, lo rimetteranno in vendita come usato a qualche centesimo in meno.

Ah, quasi dimenticavo un punto che può essere interessante se vuoi approcciare questo business: incassare ogni due settimane! Esatto, hai letto bene. Amazon ti pagherà puntuale come un orologio svizzero ogni 2 settimane.

Questo è un enorme benefit dal momento che abbiamo un'ottima liquidità per poi ricominciare il processo con altri prodotti e costruirti così un impero florido non solo in Italia ma in tutto il mondo.

E se incassare ogni 2 settimane i tuoi profitti può sembrare un sogno ad occhi aperti, aspetta perché c'è un aspetto ancora più incredibile che devo dirti! Puoi decidere come e dove farlo in completa autonomia.

Infatti, sceglierai tu dove lavorare, quanti e quali prodotti avere, quante ore dedicarci. Sei solo tu a decidere a seconda della tua volontà, entusiasmo, voglia di metterti in gioco e il volume d'affari che vuoi ottenere. Sei tu a decidere quanto vuoi guadagnare e quanto grande vuoi la tua fetta di torta a marchio Amazon.

Potrai vendere tutti i prodotti che vuoi, non solo in Italia, ma in tutta Europa e in tutto il mondo, a prescindere da dove ti trovi tu geograficamente parlando: un valore aggiunto non da poco. Io ho portato avanti questo business da ogni parte del globo: da Miami, Orlando, New York, Londra, Canarie, Zanzibar e chi più ne ha più ne metta.

Sceglierai tu quindi se portarlo avanti dal divano di casa tua, da un ufficio o da una spiaggia caraibica, a te basti sapere che qualunque sia la tua scelta, sei libero di decidere ogni cosa, in questo business.

Quello di cui necessiterai per creare il tuo impero sarà: un semplice computer e una connessione internet. Questo è tutto ciò di cui hai bisogno per creare la tua azienda ultra redditizia online. Non ti serve nient'altro, una volta che avrai investito nella tua formazione e su te stesso non avrai più bisogno di nulla.

Deciderai tu anche quanto voler guadagnare ogni mese. So già cosa stai pensando. Pensi che sia un modo di dire "tanto per", invece è esattamente così. È un business incredibilmente scalabile che ti permette di crescere in modo esponenziale.

Dopo aver fatto pratica con il primo prodotto puoi, e dovresti, replicare il medesimo metodo ancora e ancora… all'infinito! Sarai tu a decidere quando avrai la pancia piena e quando rallentare.

Sai qual è la piacevole conseguenza di tutto questo? Che creerai per te stesso una rendita passiva automatica, in costante ed esponenziale crescita che ti farà diventare libero, una volta per tutte. Potrai finalmente realizzare quella vita che stai sognando da sempre.

Come? Automatizzando il processo. Ti basterà assumere un collaboratore (magari anche pagato a provvigione sull'utile netto, non sul fatturato, mi raccomando) che possa provvedere a gestire e scalare il business senza il tuo aiuto.

Ovviamente delegare non vuol dire abbandonare completamente tutto a sé stesso, ma è un processo passo passo che ti renderà libero. Avrai creato la tua azienda automatica o, in gergo imprenditoriale, la tua *Cash Cow*.

Nessuno lavora per soldi, tutti lavoriamo per la libertà. Libertà finanziaria, libertà di muoversi ovunque nel mondo, libertà di orari, libertà d'ingrandirti, libertà di delegare, libertà di fare le esperienze che meriti: chi non ambirebbe a tutto questo? Vendendo su Amazon può diventare realtà!

Non hai tutti quei costi fissi che avresti in un'organizzazione tipica, non ti occorrono né un magazzino, né personale. Potresti partire da solo e gestire un business da 100k al mese senza il minimo sforzo.

Conosco persone che non vogliono, a loro dire, "ingessarsi" con una struttura e sono contente di lavorare in questo modo. In consulenza abbiamo casi studio come questo almeno una volta al mese.

Spesso si sentono dare delle belle lavate di capo da me o dal mio team in consulenza perché, se fai quelle cifre, non accettiamo razionalmente che tu non ti strutturi e non scali il business portando altri prodotti e cercando persone in gamba da formare.

Per iniziare questo tipo di business ti basta davvero un investimento esiguo. Sappiamo bene che il "molto" o il "poco" dipende dalla concezione che ogni persona ha del denaro e a quanto valore egli gli attribuisce.

La verità oggettiva è che il prodotto che sceglierai sarà alla portata delle tue tasche, perché con il mio metodo, il Metodo Evolution, imparerai a fare la ricerca proprio basandoti sul tuo budget. Inoltre, cosa ancora più importante da tenere in considerazione, che il primo ordine io lo chiamo di "test".

Infatti, andremo a ordinare solo un'esigua quantità di merce per testare il mercato. Non è tutto, per il secondo ordine, se avrai fatto le cose esattamente come spiego, quando avrai venduto meno della metà delle merci sarai già a Roi e in guadagno.

Questo ti consentirà di riordinare la merce senza aggiungere un euro in più e incassare la totalità dell'eccedenza della merce. Non è forse incredibile?

Quale altra attività, basata sul pilastro del commercio, ti permette questo? Sicuramente se solo pensassi di aprire un negozio fisico, lo stesso budget servirebbe a malapena a coprire un mese di cauzione per l'affitto del locale, o forse nemmeno.

Dovresti inoltre inserire nel budget l'acquisto del primo carico di merci da rivendere, il materiale per lavorare e l'arredamento. Non parliamo poi dei sistemi di allarme, il costo del personale, un eventuale magazzino e le spedizioni a carico tuo.

E tutto questo per cosa? Per avere una visibilità infinitesimamente più ridotta anche se localizzata, se sei fortunato, in una zona di passaggio. Al che però ti si accollerebbero anche le spese di marketing, di pubblicità e di ricerca clienti.

Nel prossimo capitolo ti mostrerò con i numeri perché Amazon e quali sono i dati oggettivi che mi permettono di essere così deciso e "secco" quando parlo di questo business.

P.S.: "Wow! Ok, ma non mi hai ancora spiegato perché capitolo zero? Non me lo sono mica dimenticato…". Ti dirò la verità: ti ho manipolato.

Accettalo e fanne tesoro. Anzi, non solo dovresti accettarlo ma ne dovresti anche essere felice, almeno per 5 buone ragioni:

1. Più del 76% delle persone non legge le "Introduzioni" dei libri. Quasi sicuramente ti saresti perso tantissime informazioni importanti, vero? Quindi se lo avessi chiamato Introduzione tu, con ottime probabilità, lo avresti saltato a piedi pari.
2. Questo episodio mi ha permesso di mostrarti quanto sia facile,

con delle tecniche specifiche, veicolare l'attenzione dove si desidera. Questo è fondamentale quando dobbiamo andare a mercato, con qualunque prodotto o servizio. A volte anche piccole accortezze fanno una differenza abissale tra successo e insuccesso. La valuta del giorno d'oggi è l'attenzione e gli ultimi studi ci dicono che l'essere umano moderno ha una soglia d'attenzione inferiore a quella di un pesce rosso (4 secondi). Se pensi che sia una battuta tanto per dire, dispiace, ma è la verità.

3. Mi ha dato la possibilità di farti capire realmente che non è un libro normale. È curato e studiato in ogni singolo dettaglio e ogni singola parola ha un compito ben specifico. Questo libro è il mezzo che ti porterà alla comprensione di un argomento tutt'altro che banale; riuscirà a farlo solo nella misura in cui seguirai coerentemente il suo flusso.

4. Mi ha anche permesso di dimostrarti che padroneggio perfettamente le tecniche che ti insegnerò per vendere. Continuerò a "giocare" insieme a te, prendila con lo spirito giusto e potremo divertirci e imparare insieme. Quello che è certo è che non sarà uno di quei libri noiosi che sono anni che prendono la polvere nella tua libreria.

5. Il *copywriting* è manipolazione allo stato puro ma c'è una cosa

importante che spero questo capitolo ti abbia insegnato. La manipolazione non è una cosa brutta o malvagia come si crede nell'immaginario comune. Se fatta in buona fede o per una giusta causa ci aiuta a compiere le scelte giuste. Le richieste di denaro delle onlus per esempio sono fortemente manipolatorie perché mostrano situazioni forzatamente costruite, con musiche che creano *pathos* e con una voce profonda che legge un testo volto a sollecitare le nostre emozioni affinché queste ultime muovano le mani verso il nostro portafoglio.

Questo vuol dire che è sbagliato? Assolutamente no. Quei soldi davvero aiutano le persone o i bambini che ne hanno bisogno, semplicemente serve una spintarella per un bene superiore.

Ora ti faccio una domanda: sapendo tutto questo, come affronterai il prossimo capitolo? Lo salterai o lo leggerai? Perché? Guarda il prossimo capitolo e lo scoprirai presto.

Capitolo 0.5:
Numeri alla mano

Già, proprio così, capitolo 0.5. E ora cosa farai? Lo salterai o ti fiderai di me un'altra volta? Sappi che in questo capitolo avrai l'occasione di capire esattamente tutte le motivazioni per le quali Amazon è il vero e proprio paradiso terrestre del commercio online. E non mentire, anche tu vorresti essere nell'eden con la tua "Eva" o il tuo "Adamo". In questo capitolo posso darti il frutto proibito dell'eden quindi seguimi attentamente.

Oggi infatti voglio parlarti di un po' di dati, perché i numeri non mentono, analizzando i numeri concreti si ha lo specchio della realtà. A me non piace molto la teoria, di solito mi annoia a morte anche se riconosco che a volte è necessaria per comprendere il quadro d'insieme.

Tendo sempre a parlare con i numeri dalla mia parte, le opinioni stanno a zero, così come le chiacchiere. Sono molto pragmatico in quello che faccio perché credo fortemente che questa sia la cosa più rapida per arrivare ai risultati. Quelle che troverai qui di seguito sono percentuali attendibili, provenienti da fonti reali e che puoi benissimo trovare anche tu, facendo una rapida ricerca su internet.

Semplicemente te le ho volute racchiudere in un capitolo, spiegandotele e analizzandole accuratamente, per evitare di farti perdere tempo prezioso.

Il primo pilastro sul quale vorrei porre l'attenzione è sulla velocità di espansione di Amazon, ogni anno. Le vendite, ogni singolo mese, crescono in modo esponenziale.

Nel 2018 le vendite sulla piattaforma hanno prodotto un fatturato di ben 203 miliardi. Potrai pensare: "Diavolo, incredibile!", ma non sarà il dato più scioccante che ti darò in questo capitolo. Infatti, nel 2019, Amazon ha registrato un ulteriore incremento di fatturato generato dalle vendite di prodotti di +43 miliardi, arrivando così a oltre 248 miliardi di fatturato.

Al tempo della scrittura di questo libro ne sono già stati contati oltre 300. Quindi +50 miliardi, in meno di 12 mesi. In soli due anni è stato registrato un aumento di quasi 100 miliardi di dollari!

Il dato che ti farà certamente piacere sapere è che abbiamo più possibilità di cavalcare l'*esponenzialità* di Amazon. Ricordi, vero, la questione relativa al diventare "soci" di Amazon? Ecco, mi riferisco esattamente a questo.

Quello infatti che in pochissimi sanno, è che circa il 70% di quel fatturato generato dalle vendite è derivato da venditori terzi: come me e come potresti diventare tu tra qualche mese.

Ricorderai sicuramente che nel capitolo precedente ti dicevo che non avresti avuto assolutamente problemi nell'avere clienti. Ora, i numeri ti possono illustrare meglio questa affermazione. Nel 2018 sono stati 524 milioni i clienti che hanno acquistato regolarmente sul portale Amazon.

Nel 2019 invece sono stati più di 723 milioni e, entro la fine del 2020, se ne prevedono già più di 810 milioni.

Tutto questo incremento di clienti e, di conseguenza, di vendite è dovuto all'evoluzione costante a cui Amazon fa fede. L'azienda di Bezos punta da sempre su alcuni aspetti che lo hanno reso il colosso mondiale che conosciamo: spedizioni sempre più veloci, servizi sempre più "cuciti" *ad hoc* sui clienti, ampliare in maniera esponenziale il ventaglio di prodotti disponibili e fidelizzazione del cliente tramite una *customer experience* da fare invidia a chiunque.

Forse non lo sai ma in Inghilterra c'è la consegna "one hour" (ossia in un'ora). No, non è un film di fantascienza quello che ti sto per dire, è la verità. Clicchi "acquista ora" sul prodotto e dopo una sola ora suona il corriere Amazon con il tuo prodotto e un bel sorriso stampato in faccia.

In quest'ultimo anno stanno addirittura testando per introdurre le consegne con i droni. Perché fanno tutto questo? Perché migliore è l'esperienza del cliente, e più sarà veloce la gratificazione di ricevere il pacco, più vendite sul portale verranno registrate.

E in Italia? Cosa sta succedendo invece? Ti sei accorto, ovunque tu sia, che negli ultimi 2 anni vedi spuntare gli Hub Locker come fossero funghi? Per i pochi che non sanno cosa siano gli Hub Locker, sono enormi armadietti gialli o azzurri con la funzione del ritiro self-service. Ma sai cosa sono in realtà?

È la mano (in-)visibile di Jeff Bezos per la conquista del mondo. Perché lo fa? Lo fa perché così puoi andare a prelevare il pacco quando vuoi, sempre gratis… Ovviamente se sei un cliente Prime.

Un'altra rivoluzione che ha cambiato il modo di fare shopping online è stata l'idea geniale di introdurre la modalità di pagamento a rate per determinati prodotti sopra una soglia di prezzo. Mossa dettata dal fatto che Jeff non vuole che i clienti si sentano scoraggiati dal comprare oggetti costosi all'interno del suo sito.

Le ultime indiscrezioni comunicano che tra non molto si potrà addirittura acquistare all'ingrosso, in modo da avvicinare anche le aziende per collaborazioni B2B.

Insomma, Amazon è entrato nell'ottica di abbracciare il progresso senza tirarsi indietro di mezzo centimetro. È Jeff Bezos a dettare le regole nell'industria non solo dell'ecommerce ma del commercio in generale.

Riesce sempre a trovare, anche in maniera avveniristica, i modi più disparati per far entrare sempre un numero maggiore di clienti nel suo canale con lo scopo di fargli conoscere questo mondo, allineandolo direttamente ai tempi moderni e allo sviluppo inesorabile di fare acquisti di ogni sorta di prodotto, online e offline.

Che tu ci creda o meno, Amazon non è una realtà solamente online. Amazon si sta espandendo a macchia di leopardo anche nel fisico, nel mondo reale. Ogni giorno apre nuovi centri commerciali e nuovi negozi, con prodotti gestiti dalla loro logistica, nei quali si possono fare acquisti addirittura senza nemmeno tirare fuori la carta o il portafogli.

Già, non è una nuova puntata di *Black Mirror*, è realtà. In questi negozi infatti ti basterà avere l'app di Amazon scaricata sul tuo smartphone e, in automatico, l'automazione tecnologica registrerà la merce che poserai nel carrello.

Quando ti appresterai ad accingerti all'uscita, Amazon preleverà i soldi della spesa direttamente dalla tua carta togliendoti ogni "dolore" dalla spesa.

Ma allora, cosa succederà ai commercianti storici? La mia analisi è che tutti, in un modo o nell'altro, dovremo convertirci all'utilizzo di Amazon, sia dal lato vendita sia dal lato cliente. O essergli alleato o morire, metaforicamente parlando. Del resto, come si dice: se non puoi batterli, alleati con loro. Giusto?!

Amazon non è solo un colosso e una super potenza economica che ha rivoluzionato il mondo delle vendite su internet, Amazon ha cambiato le regole del gioco per tutti. Non si può ignorare Amazon, non si può per convenienza e non si può nemmeno per orgoglio.

La sua capillarità e la sua presenza online e offline sono entrate di prepotenza nei nostri e usi e consumi quotidiani; non si può negare l'evidenza. Pensare di batterlo è pressoché ridicolo.

Capisco che ad alcuni commercianti non piaccia l'iniziativa di Jeff Bezos di conquistare il mondo. Li capisco davvero, ma non lasciate che l'orgoglio vi porti al fallimento. Ricordati chi sei, le tue responsabilità nei confronti della tua famiglia, dei tuoi dipendenti e anche la responsabilità verso te stesso.

Non hai scelta, mi dispiace. Sono qua per dirti, dall'interno, che non puoi competere con i venditori di Amazon finché stai fuori dal circuito. Pensa a te stesso, lo dico anche contro il mio interesse da venditore, ma questo è il mio lavoro e il mio ruolo dal momento che hai acquistato questo libro e mi hai dato fiducia.

Aiutare le persone a vivere il loro sogno come io sto vivendo il mio è l'unico scopo che ho. Credici se ti dico che non c'è scelta. Affiancare l'attività offline con quella online sarà l'unica soluzione se vorrai sopravvivere per i prossimi 2/3 anni.

Sì, hai capito bene. Non ho detto "se vuoi sopravvivere per i prossimi 10 anni" bensì 2/3 anni, e la stima ti assicuro che è molto ottimistica già così.

Lo shopping è radicalmente cambiato, questo è innegabile, tutti ce ne siamo accorti. Tutto corre veloce come il vento. La vita è scorsa più rapidamente negli ultimi vent'anni. Nessuno ha più tempo da perdere e la società in cui viviamo ci obbliga a vivere velocemente.

Se abbiamo bisogno di qualcosa non abbiamo più il tempo per trascorrere ore e ore di un sabato pomeriggio qualunque alla ricerca di quel qualcosa che magari non riusciremo nemmeno a trovare.

Certo, il piacere di andare per negozi resterà, ma di certo per gli acquisti di ciò che non è necessario, per gli oggetti e/o cose reperibili in qualunque supermercato, ci rivolgeremo sempre più al mondo online.

Amazon soddisfa proprio la realizzazione di questi bisogni. Urgenza, scelta multipla infinita, semplicità, velocità e sicurezza. Con tutte le garanzie che offre a tutela del cliente, è impensabile andare altrove. Oltretutto il *machine learning* migliora decisamente l'esperienza man mano che passano i giorni, ottimizzando i processi e proponendo al cliente sempre nuovi articoli a cui potrebbe essere interessato per farlo spendere sempre di più.

Ogni anno, come abbiamo visto, sempre persone nuove acquistano su Amazon e apprendono in maniera naturale nuove abitudini di fare compere, cambiando il loro schema precedente.

Le nuove generazioni, in particolar modo, s'interfacciano a questa realtà di acquisto *one click* e, dopo averlo provato, diventano subito clienti abituali e fidelizzati.

I nostri acquisti grazie alla sua espansione sono cambiati rispetto a quelli di solamente dieci anni fa, così come le nostre abitudini. L'abilità di Bezos è stata proprio quella di rendere Amazon come l'unica scelta e, arrivati a questo punto, è diventato essenziale per moltissime persone.

Ormai siamo tutti passati al lato smart del mondo: abbiamo lo smartphone, lo smart working, la smart home, la smart photography, le smart tv eccetera eccetera. Potrei andare avanti all'infinito. Quello che ha creato Bezos è lo Smart Commerce, che permette alle persone di comprare rapidamente, comodamente con un click e ovunque esse siano.

D'altra parte, abbiamo anche noi dei vantaggi straordinari come venditori: abbiamo la logistica delegata, il rapporto con i clienti delegato, la piattaforma nella quale inseriamo il nostro prodotto è già stata creata, il supporto venditori gratuito e disponibile 24 ore al giorno, abbiamo un parco clienti infinito e tantissimo altro ancora.

Questo è il futuro delle vendite. Amazon è diventato a tutti gli effetti, e per chiunque, un motore di ricerca al pari di Google… Ma per lo shopping.

Difatti, tornando alle statistiche, il 52% degli acquisti online è su Amazon. L'altro 48%, ossia meno della metà, è suddiviso tra le centinaia di migliaia di siti di ecommerce presenti. Ebay, Eprice, Zalando, anch'essi sono dei giganti, ma che ricoprono solo una piccola percentuale.

Amazon, nel 2020, ha battuto anche Google come numero di ricerche: 61% contro il 49% per casa Bezos.

Più del 60% dei prodotti venduti sulla piattaforma Amazon è in realtà venduta da rivenditori terzi come me, ma il dato ancora più curioso in realtà è un altro, vuoi saperlo? L'80% degli utenti dichiara di non saperlo nemmeno. Questo perché fa tutto capo al sistema.

Per il cliente finale basta sapere che sta acquistando tramite Amazon, il resto conta poco, in quanto per lui è importante avere le stesse garanzie, la stessa velocità e la stessa possibilità di fare il reso senza problemi e senza una sola domanda.

Il cliente legge "Prime" e guarda le recensioni, questo è tutto quello che gli serve per prendere la decisione di darci i soldi. Non fa nemmeno caso al nome di chi glielo sta vendendo. Molti addirittura pensano che tutto sia venduto direttamente da Amazon stesso.

La verità è che se anche tutti sapessero che non è Amazon a

vendergliela, questo non cambierebbe nulla. Le persone sono innamorate della politica di Amazon, sono assuefatte al servizio straordinario che offre e alla sicurezza dell'acquisto.

Ogni cliente Prime spende circa 2.500 dollari l'anno, 5 volte di più di un cliente normale, proprio perché questo tipo di abbonamento offre moltissima convenienza, sotto moltissimi punti di vista.

Le persone sono sempre più invogliate a iscriversi e spendono inevitabilmente di più degli altri, di conseguenza. Con Prime hai sconti esclusivi, la possibilità di vedere i film che più ti piacciono e serie tv sempre di una qualità più alta. Tutto questo: gratis, se ti abboni. "In che senso? Stai dicendo che è gratis ma devo pagare?!".

Esatto, perché gli utenti Amazon percepiscono esattamente questo quando diventano membri Prime. Tu paghi per avere la consegna rapida e Amazon ti "regala" tutto il resto.

Puoi ascoltare la tua musica preferita e leggere centinaia di libri in

Kindle per esempio. Non vuoi leggere il libro? Amazon ha per te il servizio Audible che narra il libro per te spesso con la voce narrante dell'autore stesso. Per ultima, ma di certo non per importanza e forse la più famosa, è la consegna in un giorno, su milioni di prodotti.

Ah, un'altra cosa: Amazon crea le festività a cui tutto il mondo deve partecipare. In che senso? Da che ti ricordi, il Black Friday e il Cyber Monday chi li ha inventati? Proprio così, è stato Jeff. Prima nessuno faceva sconti in questo periodo. Nessuno sapeva nemmeno cosa fosse il Black Friday.

Amazon ha letteralmente creato eventi per avere l'occasione di fare sconti esclusivi su migliaia e migliaia di prodotti così da incentivare le vendite.

Quest'anno, l'anno in cui sto scrivendo questo libro (2021), il Black Friday è durato più di un mese dal 26 ottobre fino al 19 novembre, non era mai successo prima. Perché se vuoi copiare Amazon, devi essere grosso quanto lui, giusto? Ecco perché nessun altro può permettersi promozioni di questo tipo.

Ultimo punto, ma non sicuramente per importanza, è il Prime Day. Altra festività creata dall'azienda di Bezos. Nel 2019 il Prime Day ha battuto di gran lunga le vendite del Black Friday e del Cyber Monday insieme in soli 2 giorni.

Parliamo infatti di oltre 15 milioni di transazioni effettuate per un fatturato totale di circa 175 milioni di dollari, aumentando il gap dell'anno precedente con un bel +20% negli stessi 2 giorni.

Il dato più interessante per noi venditori però è un altro, strettamente correlato a questo. Vuoi saperlo? Il Prime Day 2020 ha generato il miglior risultato di sempre per le Pmi.

La testata giornalistica "dcommerce.it" scrive come titolo: *La maggior parte delle Pmi hanno superato i 3.5 miliardi di dollari dalle vendite generate in questi due giorni, con un aumento del 60% rispetto all'anno precedente.*

C'è di più, nel 2020 Amazon sta investendo 18 miliardi con lo scopo di aiutare e supportare le piccole e medie imprese. Il Prime Day è stato creato appositamente per questa categoria.

Infatti, nelle sole due settimane precedenti al Prime Day, sono stati generati oltre 900 milioni di dollari per le Pmi. Ma perché funziona così tanto questa festività? A calcoli fatti, i clienti Prime hanno risparmiato oltre 1.4 miliardi di dollari; ecco perché funziona così bene questa strategia, perché è Win-Win-Win.

Vince Amazon aumentando i fatturati, Vinciamo noi come Pmi o come venditori terzi indipendenti e Vincono i clienti risparmiando tantissimi soldi. Le categorie che hanno avuto più successo sono quelle legate a: prodotti per la casa, elettronica, benessere e cura della persona, arte, artigianato e cucito.

Nelle due settimane precedenti al Prime Day come ha fatto nella pratica Amazon ad aiutare le Pmi? Molto semplice, ha inventato una promozione per tutti i suoi clienti: spendi 10€ su una selezione di prodotti di Pmi e ricevi 10€ da spendere durante il Prime Day.

Moltissimi imprenditori che erano in difficoltà per i danni causati dalla pandemia hanno potuto sopravvivere e aumentare i loro fatturati rispetto agli anni precedenti vendendo su Amazon.

Ormai Amazon gareggia da solo, fa il bello e il cattivo tempo. Come si fa a non appassionarsi ad Amazon?

Questo libro è stato scritto in una situazione economica problematica, ancora non siamo usciti dal periodo di incertezza della pandemia. L'aria che si respira è decisamente tesa e si può palpare l'aura di insicurezza e timore che aleggia sugli italiani, in molti si aspettano un nuovo *lockdown* da un momento all'altro.

Non siamo ancora usciti dall'emergenza sanitaria a cui tutto il mondo ha assistito. Se ho deciso di parlarne in questo frangente è perché proprio il *lockdown* è stato complice di alcuni cambiamenti che, per quanto concerne il mondo di Amazon, risultano essere decisamente e drammaticamente positivi. Voglio raccontarteli.

In Italia l'abitudine di fare acquisti online era davvero poco diffusa. Cosa assolutamente non vera invece per altri Paesi europei più avanzati come può essere l'Inghilterra (che a oggi è il marketplace più proficuo d'Europa) oppure come potrebbe essere l'America o la Cina stessa.

Negli ultimi mesi, però, con le restrizioni agli spostamenti e la chiusura di molti negozi, il numero di italiani che hanno usato siti di ecommerce è aumentato in maniera impressionante.

Nel periodo di chiusura, non solo si è verificato un incremento delle spese fatte da chi già usava Amazon prima dell'emergenza, ma soprattutto molte persone che ancora non avevano mai usato il servizio per varie ragioni si sono trovate pressoché costrette a rivolgersi al nostro amato e maestoso ecommerce.

L'impatto del Covid-19 ha contribuito a un radicale cambiamento delle abitudini e del modo di ragionare delle persone. Infatti, a supporto di questa affermazione, solamente nel primo trimestre del 2020 (ricordiamo che la situazione in America e in Europa era ancora abbastanza sotto controllo, tranne in Italia), il numero di acquirenti attivi online è aumentato del 40%.

In particolare, nei primi tre mesi dell'anno si è registrato un incremento dei ricavi online del 20%.

Amazon, secondo quanto riportato delle principali testate di finanza, ha aumentato la sua capitalizzazione di 401,1 miliardi di dollari. Hai letto bene: 401,1 miliardi di dollari!

D'altro canto, chi non si è rivolto ad Amazon durante il periodo del *lockdown*?

Non a caso, alcuni imprenditori con aziende fisiche hanno deciso di aprire un canale online su Amazon per poter mantenere aperta una comunicazione con il mercato. L'online è diventata l'unica via percorribile.

L'unica via sicura che ha permesso ai commercianti, agli artigiani e ai piccoli imprenditori, che vendevano prodotti, di poter continuare a vendere e ad aumentare il loro fatturato anche in un periodo nel quale non c'erano le condizioni per poter aprire la saracinesca.

Il fine ultimo di questo dato serve per farti capire una verità che d'ora in avanti sarà incisa nella pietra. Tutto questo movimento di vendita e acquisto online non sarà una tendenza. Non aspettarti che, quando finirà tutto questo incubo, ogni cosa tornerà come prima.

Dopo il *lockdown* abbiamo visto la più grande accelerazione delle vendite online mai vista nella storia di internet, non è un dato da sottovalutare. Un'abitudine ha bisogno di 21 giorni per essere consolidata e 90 giorni affinché essa diventi parte del nostro modello del mondo, del nostro modo di vedere il mondo e di rapportarci con esso.

Il *lockdown* ha fatto sì che comprare online potesse diventare un'abitudine per moltissime persone che, continuando ad acquistare, hanno permesso a questa di insediarsi nella loro vita. Oggi per milioni di persone, comprare su Amazon è diventata la "new normality".

Ci sarà uno spostamento strutturale verso il canale di internet negli acquisti, anche dovuto alla volontà di evitare luoghi fisici eccessivamente affollati. Che sia per volere personale o per imposizione poco importa. La comodità di essere serviti da Amazon, una volta provata, non si dimentica.

Il più era far provare la prima volta, creare un precedente, una scusa, ma il *lockdown* ha obbligato molte persone a sperimentare questa esperienza e ora sono quasi tutti nuovi clienti abituali pronti a spendere i loro soldi nel tuo negozio online.

Specialmente in Italia il *lockdown* ha avuto effetti ancora più dirompenti e stravolgenti sugli acquisti online rispetto agli altri Paesi. Non ci credi? Pensi che stia esagerando? Siamo nel capitolo "Numeri alla Mano" quindi andiamo a vedere i dati insieme.

Secondo i dati di Nielsen, solo nella settimana dal 24 febbraio 2020 al 1° marzo 2020, quindi quando ancora le restrizioni agli spostamenti non erano estese a livello nazionale, le vendite online sono aumentate dell'81%.

Cosa è successo nel mese successivo? Nel mese successivo, ovvero nel pieno dell'emergenza sanitaria, nella sola settimana compresa tra il 23 e il 29 marzo, le vendite per i prodotti di largo consumo sono aumentate del 162,1% rispetto all'anno precedente. Il record si è registrato nella settimana di Pasqua, con un ulteriore aumento del 178,1%.

Secondo i dati dell'IRi (Information Resources inc.), solo nelle prime dieci settimane della crisi sanitaria, le vendite di prodotti consegnati a domicilio sono aumentate del 120%. Il che vuol dire che i clienti hanno speso il 120% in più di quello che spendevano prima del *lockdown*.

Per far fronte all'esplosione degli ordini online in tutto il mondo, Amazon ha assunto ben 75.000 lavoratori, che si sono aggiunti ai precedenti 100.000 nuovi assunti nelle settimane precedenti. Nemmeno Amazon si aspettava questa crescita così rapidamente.

Per la prima volta Jeff è stato preso in contro piede ma ha allargato prontamente le fila per avere una squadra pronta e formata che potesse sostenere il nuovo cambio del mondo.

Solo in Italia sono stati creati 1.400 posti di lavoro e, mentre tutti chiudevano i loro negozi, Amazon ha investito oltre 140 milioni di euro per l'apertura di due nuovi centri logistici di distribuzione: uno in Veneto, in provincia di Rovigo, e l'altro a Colleferro, in provincia di Roma.

Come risultato, direttamente proporzionale all'incremento degli acquisti online, le azioni del colosso americano sono aumentate del 23,6% nei primissimi quattro mesi dell'anno. Solo nel periodo compreso tra gennaio e marzo il fatturato dell'azienda è incrementato del 26% rispetto all'anno precedente, nonostante le restrizioni alle vendite di beni non essenziali applicate nel mese di marzo.

A oggi, gli acquisti online sono diventati una pratica ricorrente, quotidiana e massiccia per più del 63% dei nuovi consumatori del web. Oltre 28 milioni di persone infatti oggi ricorrono a internet per acquistare qualsiasi cosa: dai beni alimentari fino ad arrivare ai dispositivi elettronici, dai prodotti legati al settore cosmetico e bellezza, dalla salute e cura della persona a quelli per le pulizie e per la casa in generale, senza contare utensili di ogni tipo ed elettrodomestici legati alla cucina.

Anche il settore libri, giochi e giocattoli ha visto un aumento massivo e ha conquistato un ottimo posto in classifica insieme, non per ultimo, ad altri beni di consumo molto richiesti come le mascherine protettive chirurgiche e le Ffp2 e gel igienizzanti.

Su Amazon hanno spopolato, diversamente da quanto si potesse pensare, anche i generi alimentari, perché molte famiglie hanno preferito fare scorte evitando la ressa dei supermercati. Quindi anche il settore alimentare ha avuto un trend crescente parecchio violento.

Amazon vende sulla sua piattaforma praticamente qualunque tipo di prodotto, coadiuvandolo con un sempre crescente perfezionamento dei servizi che offre sia ai clienti d'élite (Prime), sia a quelli "normali", sia ai venditori terzi come noi.

Questa quasi ossessione per la perfezione, questa maniacale cura per i clienti, ha reso possibile al colosso americano di diventare il monopolista dell'industria del commercio.

Non intendo solamente dal punto di vista del monopolio online ma del commercio in generale.

Non avrei mai pensato di poter dire quello che sto per dire di Robert Kiyosaki ma, dal mio punto di vista, si è sbagliato in un suo noto libro a definire il business migliore di questa generazione. Vendere online è il vero business del XXI secolo. Scusami Rob, ma nessun altro business può competere.

Alcuni pensano che sia un mercato "saturo" o che sia sulla strada della saturazione. Comprendo il motivo per il quale questa affermazione venga fatta, penso sia dovuto al fatto che si tratti di un mercato online. Se eliminassimo dall'equazione la parola "online" da "vendita" questa affermazione sarebbe del tutto stupida per chiunque.

Pensiamo ai pizzaioli che vendono pizza nel mondo reale. Nessuno dovrebbe aprire una pizzeria secondo questa logica perché, accidenti, ovunque mi giro ne vedo una.

Se ora aprissi Google Maps troverei almeno 15 pizzerie vicino a me nell'arco dei 15km Dovrebbe essere una nicchia "satura", giusto?

Sarebbe altrettanto vero se volessi aprire un mobilificio. C'è Ikea no? Nessuno compra più mobili pregiati vero? Non è così. L'unicità del tuo prodotto caratterizza e targettizza una determinata fascia di clienti, un determinato ceto e una determinata categoria con una determinata istruzione.

C'è sempre mercato per tutti o non si spiegherebbe come sia possibile che 10 bar, tutti attaccati uno di fianco all'altro, possano tutti sopravvivere e prosperare unanimemente. Perché ogni bar ha baristi diversi, specialità diverse, target di clientela diversi e prodotti qualitativi diversi.

Online la musica non cambia. Gli stessi ragionamenti che devono essere fatti offline sono pilastri fondamentali anche per l'online. L'unica cosa che cambia è la modalità tecnica con la quale operi.

Nessuno può saturare il mercato del commercio perché ci saranno sempre nuovi prodotti da lanciare, nuove nicchie, nuove esigenze e nuovi trend da cavalcare.

Vuoi un altro esempio? Le mascherine Ffp2. Ti sfido a dirmi se tu, prima della pandemia, le avevi mai sentite nominare. Mai, scommetto! Da un giorno all'altro però il mercato ha creato una nuova esigenza e così alcuni venditori hanno iniziate a produrle e a venderle.

Molte sono le discussioni etiche che si sono create attorno alla vendita di queste tipologie di prodotti. Si è disquisito molto sull'etica di venderle e anche a che prezzi venderle. Dal mio punto di vista è la cosa più etica che possa esistere venderle e guadagnare da queste. Quando c'è la guerra c'è chi piange e chi vende fazzoletti, giusto?

Risolviamo un problema manifesto del mercato e poniamo una soluzione al disagio mondiale. Qualcuno si è arricchito da questa pandemia? Certo che sì, ma quante persone hanno protetto quelle mascherine?

Nulla è gratis, nemmeno quello che è gratis per te. I governi di tutto il mondo hanno acquistato respiratori nuovi, mascherine, gel igienizzanti e nuove macchinari rianimatori in grandissime quantità. Ovviamente sono "gratis" per i malati.

Vengono utilizzati per curare gratuitamente, per lo meno in Italia, coloro che giustamente ne hanno più bisogno. Quindi sono gratis? Assolutamente no. Sono stati pagati da qualcuno, come è giusto che sia.

Qualcuno li ha prodotti a fronte di un investimento economico personale e aziendale, avrà avuto dipendenti da pagare affinché quei respiratori e quelle mascherine fossero prodotti, avrà investito milioni di euro affinché ci fossero macchinari in grado di produrli.

Quindi, ovviamente, trattandosi di aziende con costi e trattandosi di persone che lavorano per produrre beni che risolvono problemi seri e che assolvono a una domanda di mercato, devono essere ricompensati adeguatamente per lo sforzo economico e sociale che producono.

Questa è la mentalità che dovrai avere per entrare nel mondo del commercio. Mangiare è un diritto, non per questo se vai al supermercato ti regalano la pasta o il pane. Niente è gratis e ovunque possono esserci prodotti specifici da vendere per ottenere del guadagno.

Potresti vendere qualunque cosa in maniera migliore e potresti "rubare" quote di mercato anche a leader indiscussi fino a ieri. Molte persone non hanno ancora capito la potenzialità di tutto ciò oppure vi si approcciano come fanno ancora i piccoli commercianti, senza seguire, ad esempio, un corretto uso del marketing o della differenziazione o del copy. Tranquillo, approfondirò tutto nel dettaglio più avanti.

Ora ti dirò un'altra verità che va a nostro vantaggio riguardo a questo argomento. Sono in molti, è vero, ad avere scoperto che c'è una nuova possibilità di business online vendendo su Amazon.

Molti hanno notato che il mercato si sta evolvendo e molti si buttano nella mischia con prodotti a caso, ignorando il 99% delle cose importanti da fare per avere successo.

Ci sono delle regole precise da seguire per vendere bene online e macinare fatturati in crescita ogni mese, non ci si può improvvisare o si finirà con il fallire. Online non è sinonimo di semplice, è sinonimo molto spesso di smart; non sono proprio la stessa cosa.

Il 99% dei venditori che a oggi tentano di vendere online su Amazon semplicemente non sa cosa sta facendo. Improvvisa.

Inserisce titoli sbagliati che non lo rendono visibile nelle parole chiave dove c'è più volume di ricerca, sbaglia le descrizioni del prodotto perché descrive senza vendere, fotografie fatte sgranate o senza una consapevolezza delle info grafiche, con prezzi tendenti al ribasso per fare la guerra dei prezzi, zero recensioni e zero differenziazione. Come si potrebbe avere successo in questo scenario?

Eppure, la verità è che molti sottovalutano il mondo online e la diretta conseguenza è che solo il 3% vende davvero e questo perché sono gli unici a fare le cose che funzionano.

Il 97% delle persone non ha successo perché non cura tutti quei dettagli che fanno la differenza tra un vincitore e un perdente. Questo è un dato che dovrebbe incoraggiarti particolarmente.

Questo vuol dire che noi possiamo fare meglio, che possiamo prenderci le quote di mercato di altri e servire il mercato meglio di coloro che già lo stanno servendo offrendo prodotti migliori, con attenzioni più sofisticate e che possano rendere entusiasti i nostri clienti.

Puoi trovare il tuo spazio e il tuo posto nel mondo di Amazon ma devi sapere le procedure giuste, quelle che ti permetteranno di entrare nell'algoritmo di Amazon e che ti consentiranno di vendere con grande successo.

Certo, i competitor ci saranno ma con il mio metodo, che ho testato più e più volte sia sulla nostra azienda sia con i nostri studenti, avrai gli strumenti per fare la differenza e vincere ogni competizione.

Seguire una strada già percorsa da me e da centinaia di studenti che hanno applicato con successo il Metodo Evolution ti farà risparmiare tempo, soldi ed energie.

Come si trova il prodotto? Avrò modo di spiegartelo se proseguirai nella lettura di queste pagine. Per ora ti dico solo che si farà un'indagine di mercato con dei software che analizzano tutti i dati al posto tuo facendo i raggi "X" sulle ricerche fatte dai clienti e che ti diranno tutti i dati dei venditori che saranno rilevanti al fine di avere tutte le informazioni pertinenti.

Tu dovrai solamente impostare le caratteristiche, come ad esempio il prezzo, quanto fatturano, e quante recensioni dovranno avere. Non ti preoccupare, finita la lettura di questo libro avrai le idee chiare sul come si trovano i prodotti, come si markettizzano e moltissimo altro ancora.

Anche se è un bellissimo mondo devo avvertirti che presenta alcune insidie che, se non hai le informazioni giuste, possono portarti qualche mal di testa. Le multe in dogana sono il primo tema al quale stare attenti, motivo per il quale ti invito a imparare questo business da persone che operano e lo portano avanti dall'Italia.

Solo chi lo porta avanti dal tuo stesso Paese può sapere ed essere aggiornato sulle regolamentazioni europee. Io e il mio team abbiamo dedicato intere lezioni a spiegare per l'appunto tutte le regole che dovrai seguire per evitare ogni tipo di problema.

Abbiamo seguito centinaia e centinaia di ragazzi in questi anni e ti posso garantire che ne abbiamo viste di tutti i colori. Abbiamo un bagaglio di esperienza che è sicuramente degno di nota, senza contare che la nostra azienda *in primis* continua a importare e vendere in tutta Europa. Siamo sempre a stretto contatto con i nostri fornitori e siamo sempre in prima linea in questo business.

Fatto questo dovrai cercare la fabbrica che produrrà i tuoi prodotti. Anche questo richiederà una precisa tecnica, non difficile lo ammetto, ma se ignorata non risulterai come un professionista ma un "venditore di patate" inesperto.

Essere considerato uno sprovveduto mentre sei nel bel mezzo di una trattativa non è mai una cosa buona. Ti auguro di non scoprirlo mai. Il modo con il quale approccerai i venditori delle fabbriche, anche solo nella richiesta di un preventivo, farà la differenza tra un ottimo prezzo favorevole per te e un brutto affare a cui sarai costretto a dire no.

Anche il "chi" selezionare sarà determinante per amplificare la tua professionalità e diventare rispettoso ai loro occhi. Dovrai posizionarti come esperto. Ai miei studenti regalo il mio personale *template* al quale dovrai solamente cambiare alcuni dati in base a quello che vorrai. Quel *template* sarà il tuo biglietto d'oro per essere rispettato dalle fabbriche cinesi.

Poi c'è l'aspetto più importante di tutti: il marketing. Molti come metodologia di vendita utilizzano quello di copiare i competitor. Come unico punto di attacco si affidano alla guerra dei prezzi: impossibile vincere in questo modo nel lungo periodo.

È talmente tanto fondamentale curarlo e affinarlo che gli ho dedicato un capitolo apposito con tutte le trappole da evitare, che ti farebbero fallire ancor prima di partire.

C'è un'altra cosa che ti farà fallire prima di iniziare: la ricerca di metodi di guadagno facili e veloci. Non esistono, mi dispiace dirtelo. Conosco tantissimi imprenditori multimilionari, nessuno di loro deve il proprio successo a un trucchettino che gli ha fatto guadagnare milioni di euro in una notte.

Ho dedicato un capitolo intero al *mindset* perché è davvero importante capire quali sono gli schemi mentali delle persone di successo per poterle imitare e prendere come modello.

"Mitch, ma come faccio a riconoscere se quello che ho davanti è un metodo di guadagno o un business reale?". Ottima domanda: proverò a rispondere in maniera concisa.

Con metodo di guadagno non costruisci nulla che resterà nel tempo, dura nel breve periodo, lo fai "one shot" e percepisci dei soldi da una singola operazione.

Rientrano in questa casistica: le scommesse sportive (o il *matched betting*), o le opzioni binarie, gli schemi Ponzi (piramidali), la compra vendita di cripto-valute (arbitraggio), il *trading* (in realtà il *trading* non è nemmeno un metodo di guadagno ma un vero e proprio lavoro)!

Insomma, tutto quello che: non puoi delegare, hai costantemente bisogno di scambiare il tuo tempo per soldi per poter guadagnare, non puoi automatizzare. In alcuni dei casi che ho citato sono comprese anche le truffe e le cose "troppo belle per essere vere"… Spesso le due cose coincidono.

Con un vero e proprio business, come la vendita di prodotti online su Amazon, hai la possibilità di costruirti nel tempo un'azienda che ti porta *cashflow*, ossia flusso di cassa, sempre crescente.

È un business stabile perché parliamo di prodotti fisici, a basso rischio perché in un modo o nell'altro quasi sicuramente li venderai anche nella peggiore delle ipotesi e comunque hai comprato un prodotto che ha un valore reale nel mercato.

È facilmente automatizzabile, alcuni nostri studenti sono partiti già con una persona che fa il lavoro al loro posto. Loro incassano il bottino pagando un fisso al collaboratore che gli gestisce prodotti, lanci e rifornimenti.

Se parti da zero dovrai lavorare qualche mese per la costruzione del tuo ecosistema, ma già dopo pochi mesi avrai costruito le basi del tuo impero e della tua multinazionale. Con il passare del tempo l'attività diventerà sempre più automatica, permettendoti di guadagnare soldi slegati dal tuo tempo, riducendo la proporzione tra le ore impegnate e gli incassi ottenuti.

Si creerà un effetto leva incredibile, come una forbice. Lavorerai meno e guadagnerai di più.

Vendendo prodotti su Amazon avrai una crescita inversamente proporzionale tra il tempo e i soldi: costruirai valore, reputazione e *asset*. Man mano che tutto questo crescerà avrai degli utili sempre più alti e più tempo libero per goderti la vita. È questo il vero valore di un business.

Dove c'è Amazon, puoi esserci tu, e dove puoi esserci tu ci possono essere opportunità di fare business e bisogni da soddisfare, dai quali, ovviamente, poter estrarre il massimo profitto.

È anche vero che per poterlo fare dovrai scordarti l'opzione "metodo di guadagno" perché non è sicuro, è ad altissimo rischio e non dura nel tempo. Tu vuoi creare un'azienda vera che possa portarti utili da dividendi ogni mese per almeno i prossimi 15 anni.

Ma adesso, vediamo com'è strutturato questo libro per poi partire subito con il primo degli argomenti che approfondiremo:

Questo libro è formato da 7 capitoli, di vero valore. Non ho inserito teorie strampalate tanto per scrivere. Saranno concetti molto profondi e spesso non semplici da comprendere in prima analisi, quindi ti invito a leggere attentamente le pagine che seguiranno.

Se non capirai qualcosa continua la lettura e magari rileggilo una seconda volta. Spesso con una seconda lettura tutto sarà chiaro come il sole e avrai un quadro molto più dettagliato del business. Ovviamente troverai i ringraziamenti finali e uno speciale ***Bonus per Te*** in regalo (o magari più di uno…).

Nel Capitolo 1 ti racconterò la mia storia. Prima ti dirò da dove sono partito io e poi ti dirò come, con il mio migliore amico, siamo partiti con questa attività.

Ci tengo che tu legga questa parte perché non è assolutamente una storia comune, e te ne accorgerai ben presto. È una storia difficile, piena di dubbi, paure ed insicurezze. Ho voluto ricordare (seppure con uno sforzo incredibile) tutti i pensieri dell'epoca senza filtri e senza censure.

Mi sono messo a nudo davanti a te per mostrarti il mio passato perché credo possa essere davvero fondamentale per te riuscire a vedere ogni sfumatura che mi ha permesso di arrivare al punto in cui sono oggi.

Nel capitolo 2 ho inserito una parte davvero importante, forse una delle più importanti del libro. Ho dedicato questo capitolo alla mentalità che mi ha permesso di raggiungere risultati straordinari, di battere ogni record nel panorama e di aiutare centinaia e centinaia di persone partendo assolutamente da zero.

La prima cosa che dovrai imparare per avere successo sarà il modo di ragionare. Ancora prima degli aspetti tecnici ti mostrerò come l'atteggiamento e gli schemi sui quali si muove la tua mente e le frequenze dei tuoi ragionamenti determineranno il tuo successo incidendo per l'80% sul tuo risultato finale.

Nel capitolo 3 ho inserito i 5 passi che devi seguire per poter vendere su Amazon con ottimi risultati. Ovviamente ho analizzato ogni singolo passaggio in maniera molto approfondita. Questo sarà il cuore pulsante del libro.

In questo capitolo, infatti, ti parlerò dettagliatamente di: analisi di mercato per trovare prodotti profittevoli da vendere con un'altissima richiesta e con pochissima offerta, capirai come ricercare una fabbrica che produca i tuoi prodotti, scoprirai come spedire la tua merce nei magazzini Amazon, come caricare i prodotti sulla pagina venditore, come usare il marketing affinché si acquisti solo da noi, le tecniche segrete che mi hanno permesso di impormi sul mercato da subito come la scelta migliore e più cara fino all'incassare ogni due settimane e ricominciare per scalare il business.

Nel capitolo 4 ho spiegato nel dettaglio alcuni trucchi segreti che nessuno ti dice. Ti assicuro che sarà un capitolo molto interessante e pieno di nozioni scioccanti. Ti ho infatti voluto riservare alcune "chicche", semplici, ma di vitale importanza che nessuno trasmette in Italia.

In particolar modo riguardano la ricerca del prodotto, il marketing (su cui continuo a battere chiodo perché la pietra miliare su cui poggia il tuo successo), la gestione delle recensioni e un'idea bonus davvero esplosiva che, ti posso assicurare, meno dell'1% dei venditori su Amazon applica, ma dall'enorme potenzialità.

Nel capitolo 5 smonterò passo, passo ogni singola assurdità che viene raccontata su questo business. In questi anni ne ho sentite di tutti i colori. Obiezioni di persone che non hanno mai venduto nulla in vita loro, chiacchiere da bar, luoghi comuni e dicerie su questo modello di business.

Ho fatto una grandissima raccolta delle cose che, più di frequente, mi sono state dette dalle persone più disparate. Questo capitolo, ti assicuro, metterà la parola fine a moltissime stupidaggini perché porterò dati e tesi che smonteranno pezzo, pezzo ogni singola affermazione.

Nel capitolo 6 ho raccolto alcuni dei casi studio di successo dei miei studenti. Per tutti gli altri puoi tranquillamente andare sulla pagina YouTube e immergerti nella playlist dedicata.

Nel capitolo 7 troverai il vero e unico segreto della ricchezza. Questo sarà un capitolo davvero forte. Potresti emozionarti, potresti non leggerlo alla velocità con la quale hai letto altri capitoli. Sarai chiamato a collaborare e a fare esercizi.

Non voglio dirti altro su questo capitolo, solo una raccomandazione: leggilo solamente dopo aver letto tutto il libro nella sua interezza o perderà ogni senso.

Ci sarà poi una conclusione con i dovuti ringraziamenti e alcuni bonus speciali per te. Voglio farti un regalo importante ma per averlo dovrai meritartelo. Leggi il libro e arrivato alla fine potrai riceverlo gratuitamente.

Non mi rimane che augurarti buona lettura e buon divertimento!

Capitolo 1:
La Mia Storia

Questo sarà un capitolo particolarmente interessante per te che ho ritenuto fondamentale inserire. Hai presente quando senti quelle storie quasi irreali? Quelle che quando le senti ti viene subito da chiederti "ehi, ma che cos'è, una serie di Netflix?".

Ecco, sono sicuro che, leggendo questo capitolo, sarà esattamente quello che penserai. Vorrei raccontarti la mia, da dove sono partito e chi ero prima di essere il creatore e fondatore del Metodo Evolution e prima di diventare un autore best seller.

Chi ero prima di diventare un imprenditore che ha fondato una multinazionale in 9 mesi e che ha l'azienda di formazione in questo business più grande e che ha portato più risultati in Italia.

Prima vorrei raccontarti la mia storia fino al conoscere Alfio e diventare suo socio, per farti capire come le nostre vite si sono intrecciate e in che dinamiche.

Potresti chiederti: "Ma perché mai dovrebbe interessarmi questo capitolo?". Ci sono due risposte a questa domanda: la prima è che sarà davvero molto divertente per te sapere da dove sono partito; mentre la seconda è che mi voglio togliere il mantello da supereroe per farti vedere esattamente chi ero.

Questo capitolo ti regalerà un segreto che nessuno vuole mai dirti e vorrei farti un piccolo spoiler già ora. Non importa da dove vieni, non importa cosa hai passato, non importa nemmeno chi eri o chi sei stato, non importa quante difficoltà tu abbia avuto o quante volte tu abbia fallito in qualcosa.

Nulla di tutto questo ha importanza, sono tutte scuse che ti stai ripetendo per non prendere in mano la tua vita. Per avere successo ci vogliono solo pochissime caratteristiche: la determinazione e la fame.

Non avevo nulla, avevo solamente davvero tanta fame e tanta determinazione, nulla di più quando partii con questo progetto. Il mio focus era chiarissimo: dovevo riuscire a creare un business in modo solido, remunerativo, affidabile, longevo e replicabile.

Non l'ho mai affrontato con le classiche caratteristiche che si immaginano per un "business online". L'ho impostato da subito come fosse una vera e propria azienda (anche perché è esattamente questo che è).

L'unica cosa che volevo era crearmi la mia vita come la volevo io: senza capi, senza stress e senza più problemi economici. Volevo la mia rivincita, avere successo dopo una vita di insuccessi, chiedevo a me stesso solo di lottare fino alla fine e con tutte le mie forze per poter raggiungere uno e un solo scopo: la libertà!

La mia storia.
Sono stato da sempre considerato "pecora nera", il diverso, lo strano, l'anticonformista. Per anni, nel periodo pre-adolescenziale, sono stato bullizzato perché preferivo leggere rispetto al calcio.

Ho iniziato a praticare sport da combattimento all'età di tredici anni, per "difendermi" dalle aggressioni e devo dire che è stata la mia salvezza.

È stato proprio in questo frangente che ho imparato davvero il significato della parola sacrificio, perseveranza e cosa volesse dire lottare per un sogno a qualunque costo, nonostante tutte le avversità, le difficoltà e le ostilità.

Quando sali sul ring o dentro una gabbia da combattimento non puoi più permetterti né scuse, né compromessi. Ci sei tu e solo tu, con la tua volontà, forza d'animo, energia e risolutezza.

Hai pochi secondi per prendere decisioni, devi fare fede sul tuo sangue freddo e affidarti a te stesso completamente. Non puoi permetterti distrazioni, perché sai che, non appena abbassi la guardia, anche solo per un secondo, l'avversario è lì pronto per metterti al tappeto.

Questo temperamento mi ha forgiato e dato la forza necessaria per affrontare sfide ben più importanti che la vita mi avrebbe presentato dopo.

A vent'anni un infortunio grave mi ha obbligato a smettere con le gare e a rinunciare al mio più grande sogno di allora: combattere agli Europei. Per me rappresentava quel riscatto di cui credevo di aver necessariamente bisogno.

Difatti, provenivo da anni non propriamente felici e sereni: a livello familiare la relazione con mio padre era turbolenta e perennemente scontrosa; i nostri rapporti erano nervosi, insofferenti tant'è che alle superiori sono stato bocciato 3 volte.

Questa non è una valida scusante, tuttavia la separazione dei miei genitori ha segnato un periodo molto difficile della mia vita. Per anni sono stato in terapia per cercare di curare i frequenti attacchi di panico che, con il corso degli eventi, ormai erano diventati quotidiani.

Sentivo che non mi stava aiutando molto, ma in qualche modo la terapia mi aiutava ad andare avanti. Parlare per ore e ore a una psicologa a cui peraltro non interessava nulla di me e dei miei problemi – mi stava ascoltando solamente perché ogni ora mia mamma la pagava 80€ – era davvero frustrante.

Dentro di me sapevo che avrei superato questa cosa, ma lo avrei fatto a modo mio, cioè da solo. Sentivo di essere abbastanza forte da potercela fare. Vedevo uno spiraglio di luce in fondo al tunnel.

È vero, non sapevo come ci sarei arrivato, ma, per me era importante solamente scorgerla e avrei fatto qualunque cosa per arrivare a lei.

Un giorno inciampo "per caso" in un libro. Perché ho messo "per caso" tra virgolette, dici? Perché in realtà nessuno, "per caso", esce di casa alle 16 di pomeriggio (per altro nel mese di agosto che non fa proprio fresco in centro a Parma) per andare da Feltrinelli a cercare libri.

Ero alla ricerca di libri che potessero aiutarmi a risolvere il mio problema. Puoi immaginare che ne avevo le tasche piene di vivere in quello stato se ho preso la decisione di uscire di casa con 41 gradi percepiti, in bicicletta, per andare in libreria. (Tra l'altro ricordo che mi rubarono la bicicletta quel giorno e dovetti poi tornare a casa a piedi).

Avevo sempre agito in questo modo, se avevo un problema: facevo azioni per risolverlo. Sapevo che funzionava così. E sapevo anche che se non riuscivo a fare qualcosa era solo perché mi mancavano le informazioni giuste. Tutto qua, nient'altro.

Così mi trovai davanti a questo scaffale che sentenziava, quasi con un tono esoterico: "Crescita personale". Cosa volesse dire all'epoca quella parola era per me un enorme punto di domanda ma ne rimasi affascinato.

Leggere i titoli di quella parte di libreria a cui non avevo mai badato era tanto strano quanto curioso. Un libro su tutti però colpì la mia attenzione e che, con il senno di poi, ha dato una svolta alla mia intera vita: *Leader di te Stesso* di Roberto Re.

Grazie a questo ho scoperto veramente il mondo della crescita personale, della motivazione e dell'autoaiuto: una manna dal cielo.

Ho iniziato a divorare decine e decine di libri su questi argomenti, credimi. Leggevo più di un libro a settimana, ne ero diventato ossessionato. Dopo i combattimenti, per la seconda volta in vita mia, avevo trovato il mio personale "salvavita", che mi avrebbe permesso di avanzare verso quella luce, passo dopo passo.

Ancora non era chiaro e delineato il percorso, ma il mio istinto mi suggeriva che stavo spingendo nella direzione giusta.

Focalizzandomi sulla mia evoluzione e la mia crescita, gli attacchi di panico erano pian piano scomparsi: laddove la medicina "classica" non era arrivata, la mia mente mi aveva salvato.

Avevo avuto ragione io, non avevo bisogno né di pastiglie né di psicologi; la mia mente, se addestrata bene e se la nutrivo con le giuste informazioni, mi avrebbe portato esattamente là dove volevo io.

Per la prima volta mi si instillò nella mente l'idea che io potevo essere quasi una divinità. Potevo fare tutto quello che mi sarei prefissato semplicemente educandomi e riprogrammando la mia mente con informazioni potenzianti che potevano portare un risultato concreto.

Perché la gente normale non nutre la propria mente con queste cose? Cavolo, è così facile risolvere i problemi, possiamo imparare tutto a costo zero praticamente in quest'epoca.

Ho iniziato quindi ad approcciarmi anche ad altri argomenti: business, libertà finanziaria, marketing, biografie e chi più ne ha più ne metta. Quando cerchi informazioni su questi argomenti, come fai a non incrociare sul tuo cammino i libri di un tizio dal maglione arancione? Impossibile, è ovunque in tutte le librerie.

Mentre ero su YouTube a studiare ore e ore di contenuti gratuiti, mi compare lo stesso signore dalla faccia simpatica che avevo più e più volte visto nelle librerie. Il suo nome era Alfio Bardolla, moltissime persone lo seguivano ma io non sapevo ancora chi fosse.

Così feci la cosa più semplice e scontata che un topo da biblioteca come me potesse fare: aprii Amazon e cercai Alfio Bardolla nella barra di ricerca. Mi comparvero 7 libri (a oggi sono diventati 8) dai titoli più disparati. Un titolo catturò immediatamente la mia attenzione: *I soldi fanno la felicità.*

"Davvero, Alfio, hai scritto un titolo così? O sei un pazzo o sei un genio." Mi dissi quando lessi quel titolo così provocatorio.

Dovevo ancora scoprire in quale delle due categorie lo avrei collocato. In meno di 2 giorni mi mangiai quel libro! Era un genio. Dovevo leggere ogni cosa scritta da lui, così comprai ogni suo libro e iniziai a studiarli più e più volte.

I soldi fanno la felicità è in assoluto il libro che mi ha offerto su un piatto d'argento la svolta definitiva della mia vita, per lo meno dal punto di vista finanziario.

Scoprii quale fosse la mentalità che si celava dietro alla creazione dell'abbondanza e della ricchezza, la psicologia del denaro, che "fare soldi" era davvero possibile anche se parti da zero.

Ovviamente a patto che tu sia disposto a imparare da chi ce l'ha già fatta, a patto che tu sia pronto a metterti in gioco, ad abbattere i paradigmi che ti hanno accompagnato da sempre e ovviamente… a farti il mazzo!

Tuttavia, mancava ancora un piccolo tassello che avrei aggiunto soltanto un paio d'anni dopo. Proprio a proposito di credenze errate e fuorvianti, io credevo di essere troppo giovane per iniziare a fare il "gioco dei soldi". Cavolo, quella era una cosa da grandi per i grandi, io sono ancora troppo piccolo e inesperto mi ripetevo.

Difatti, mentre terminavo le scuole serali avevo iniziato a lavorare da McDonald's, dopo aver fatto il magazziniere, l'operaio e il jolly in svariate aziende.

Come cuoco dietro a una friggitrice con decine e decine di gradi soffocanti, lavoravo dalle 10 alle 12 ore al giorno per "ben" 3€ l'ora. La sera, quando finivo, arrivavo a scuola (ovviamente in ritardo, perché le serali iniziano alle 18 e terminano alle 23) stanchissimo e stravolto.

Ha iniziato a farsi spazio l'idea che "forse" quei libri erano adatti anche a me, nonostante la giovane età, complice la consapevolezza che quella non era la vita che volevo fare.

Non il fattore scuola, chiaramente, ma di dover impiegare 10 ore del mio tempo così prezioso e unico, scambiandolo per 30€ giornalieri, senza possibilità di crescita, se non raggiungere, forse dopo anni e anni di gavetta, 50€.

Non potevo continuare così, ma non ero ancora pronto per il salto nel mondo del business. C'è stato infatti un ultimo step ancora: mi sono iscritto all'università, Facoltà di Lettere, perché pensavo che fare il giornalista mi avrebbe permesso la reale svolta.

Mi sono affidato a un'altra idea errata ancora una volta: man mano che proseguivo il mio percorso universitario, si faceva sempre più chiara l'idea che non era, ancora una volta, quello che desideravo davvero.

Mi rendevo conto che stavo perdendo il mio tempo a studiare cose che non mi sarebbero mai servite nella pratica e che, in fondo, nemmeno mi piacevano. Sono stati 3 anni molto frustranti, ma non avendo ancora le idee chiare, ho proseguito, nonostante tutto.

Ho persino incontrato vari giornalisti che mi dicevano di guadagnare appena 50€ ad articolo pubblicato, che lavoravano giorno e notte per scrivere e fare indagini sull'argomento, ma 9 volte su 10 venivano cestinati senza nemmeno che qualcuno li avesse mai letti.

Ancora una volta rischiavo di cadere nella trappola di un lavoro che mi avrebbe pagato solo in funzione del mio tempo: nessuna attività = nessuna retribuzione, nessuna leva tempo: soldi.

Non era assolutamente allineato al concetto che spiegava Alfio nei suoi libri. In quel periodo ricordo che era scoppiato il trend delle cripto-valute. Preso dalla foga, dall'ingenuità e dalla voglia di fare quel "qualcosa di diverso", decido di comprare un sacco di cripto.

Era il 27 dicembre e io comprai 1.500€ (ti posso assicurare che in quell'epoca per me erano tantissimi soldi!) di "robe" che nemmeno sapevo cosa fossero. Il 29 dicembre scoppia la bolla del Bitcoin e… perdo tutto. Immagina la mia frustrazione: non avevo più un soldo e men che meno sapevo più cosa inventarmi.

Mi sono anche approcciato al network marketing: altri due anni "senza risultati". Ennesimo fallimento, ennesima delusione contornata da umiliazione e mortificazione.

Un giorno stavo parlando il mio migliore amico della situazione che stavo vivendo. Mentre parlavamo di cosa fare della nostra vita ci capita una sponsorizzata di un formatore americano, un ragazzo. "Clicchiamo?" dissi io. "Cosa stai aspettando?!" fu la risposta.

Avevamo entrambi già deciso di farlo, questa ads parlava di vendere prodotti su Amazon, perché no? Sembra interessante come business. Ma ci servivano soldi, noi avevamo in due solamente 2.200€, non un euro in più.

Siamo andati a pranzo da mia nonna, ragazzi potete essere bravi quanto volete a cucinare ma non batterete mai una nonna! Con la pancia piena ci facciamo coraggio e chiediamo a lei di aiutarci.

Ci servivano 4000€ per comprare quanti più corsi possibili di marketing. Quel corso americano non bastava. Volevo di più stavolta, volevo essere pronto al 100% per non commettere più l'errore del passato.

Le promettiamo che le avremmo restituito tutti i soldi entro 6 mesi. Ormai eravamo *committed*, da bravi studenti di Cardone avevamo seguito il mantra: "All in, burn the ships, no other options".

Non avevo soldi ma ero riuscito a trovarli perché sapevo che era quello che le persone di successo facevano.

La scusa del non posso perché non ho i soldi è da perdenti, lo avevo sentito e risentito 1000 volte almeno. Io non volevo essere più un perdente, questa volta avrei vinto io.

Così è stato. Tutta quella fatica, quel *committment*, quelle decisioni hanno portato a tutto questo. Fino qui. A questo libro.

Dalla scoperta del business su Amazon in poi.

Iniziammo a studiare quel corso americano su Amazon e credetemi se vi dico che era dannatamente difficile riuscire a capire cosa dicesse. All'epoca il nostro livello d'inglese era veramente pessimo. Ogni minuto dovevamo fermarci per confrontarci su cosa avesse detto Kevin.

Dopo un mese, eravamo riusciti a finire il video-corso ma ci accorgemmo che per alcune cose non si poteva utilizzare. Fu chiaro da subito che determinate cose erano da riservare al mercato americano e che avrebbero funzionato solo con un mercato così grosso.

Così iniziammo a studiare tutti i video-corsi di marketing che avevamo acquistato. Avevamo tutte le informazioni che ci servivano, dovevamo solamente declinarle all'interno di questo business.

Cercammo prodotti per qualche settimana ma senza successo. È una cosa abbastanza normale all'inizio ma in quel momento non lo sapevamo. Così un pomeriggio come tanti ci siamo detti: "ok, stacchiamo la spina un attimo e dopo pensiamo a come poter risolvere questa apparente situazione di stallo".

Siamo usciti di casa, abbiamo preso una palla da basket e siamo andati al campetto a fare qualche tiro (che ben presto diventò una gara, eravamo entrambi molto competitivi). Abbiamo giocato qualche ora per poi incamminarci verso casa per parlare della nostra situazione prima di salutarci e andarci a fare una bella doccia calda.

Quel giorno, e in particolar modo quella conversazione, ebbe un impatto significativo sul nostro progetto.

"Dobbiamo vederci tutte le mattine alle 6 e fare il *miracle morning*. Andiamo a correre insieme, ci facciamo una doccia, facciamo colazione, meditiamo 20 minuti, leggiamo un'ora e mezza, e alle 9 siamo pronti e operativi per lavorare.

Questa volta però lavoreremo senza sosta fino a quando non troveremo il prodotto perfetto per vendere. Staremo insieme tutto il giorno, senza sabati e senza domeniche. Prenderemo contatto con le fabbriche e faremo tutto quello che c'è da fare senza risparmiarci".

Quella decisione cambiò tutto. Nei successivi 3 giorni trovai il nostro primo prodotto. Era un trend che in America e in Inghilterra era già partito da qualche mese e che, secondo le nostre previsioni, sarebbe partito anche in Italia e in tutta Europa per poi stabilizzarsi in "evergreen".

Per chi non lo sapesse, quando parlo di "evergreen" faccio riferimento a una categoria di prodotti che non risente di stagionalità, di mode passeggere o prodotti che possano avere un ciclo vitale breve.

Facciamo una piccola parentesi prima di proseguire, voglio spiegarti una cosa decisiva per avere successo su Amazon, come riconoscere se il prodotto che vogliamo vendere è un trend oppure è un prodotto in evergreen. Curioso vero?!

Ricordi il famosissimo *Fidget spinner* che qualche tempo fa mandava fuori di testa tutti i ragazzini? Ecco, questo per esempio era un classico trend di moda. Un prodotto che non risolve nessun tipo di problema specifico, che nessuno sa perché effettivamente tutti lo volessero in quel periodo.

Per 2 mesi registrava fatturati da capogiro, parliamo di una nicchia da più di 1 milione di euro al mese. Poi? Poi il crollo, inesorabile. Nessuno vende più nulla, se non qualche centinaia di euro al mese.

Questi sono prodotti da evitare il più possibile se non si ha una strategia da speculatore seriale e uno "stomaco" forte abbastanza da gestire la pressione e le possibili perdite. La verità è che nessuno saprà quando terminerà il trend e quando inizierà a calare la domanda quindi sono prodotti ad altissimo rischio.

Un altro esempio di trend potrebbero essere le palle per l'albero di Natale. Questo è più un prodotto *commodities* (per gli appassionati di trading). Per tutti quelli che invece non sono appassionati come me al settore trading spiegherò il concetto in modo che sia chiaro per tutti.

Le palle di Natale seguono una stagionalità: ogni anno in un determinato mese il grafico inizia a impennarsi per toccare l'apice (in questo caso a dicembre) e poi affievolirsi fino a diventare piatto durante i mesi estivi.

Perché sono belli questi prodotti? Perché se andiamo ad analizzare lo storico degli anni precedenti possiamo essere quasi certi che in quel momento ci sarà una richiesta straordinaria del nostro prodotto.

Il contro di questi prodotti è che lo stock ovviamente deve essere proporzionato alla richiesta e varia in base al posizionamento sulla parola chiave principale e che non potremo avere vendite durante tutto l'anno.

Dovremo "accontentarci" di vendere quel prodotto in un determinato periodo specifico dell'anno. Questi prodotti sono davvero ottimi se inseriti all'interno di una strategia di prodotti evergreen che vendono tutto l'anno.

Ci danno la certezza di imporci come brand in altre categorie, di farci avere una visibilità senza pari e di far conoscere il nostro brand a quante più persone possibili.

Se imparerai tutte le strategie per fidelizzare il cliente ed educarlo a vari *up sell* e *cross sell*, questa è sicuramente una carta da giocare per aumentare il ticket medio del cliente ed espandere il tuo impero senza fare prigionieri.

"Frena, frena, frena... *Up*-Che?". Hai perfettamente ragione, errore mio che, lasciandomi prendere la mano dalla valanga di contenuto che voglio regalarti, a volte do per scontato concetti non banali.

Per farti capire molto rapidamente cosa è un *up sell* ti farò un esempio lampante di fronte al quale anche tu sei cascato almeno una volta (in realtà sono sicuro che sia molto più di una volta).

Sei da McDonald's, prendi il tuo bel panino e una Coca Cola. Tu sei entrato per acquistare solo quello, fino a quando... Beh, fino a quando la commessa ti "upsella" con la fatidica domanda: "Vuoi *anche* le patatine?".

E in men che non si dica i tuoi amici stanno già intavolando i presupposti per farti la fatidica domanda: "Dopo mi fai assaggiare una patatina?".

Scherzi a parte questo è un *upsell*. Sei entrato per un prodotto specifico e il venditore ti prova a vendere l'*upgrade* di quello che volevi.

Il *cross sell* invece è lo stesso identico principio ma con un prodotto che non è legato a doppia mandata con il prodotto principale per il quale eri entrato nel negozio.

Ti faccio un altro breve esempio perché la teoria è bella ma la pratica si capisce molto meglio.

Questa volta sei in un bar, è mattina e sei entrato per un caffè al volo infatti hai solamente 15 minuti poi dovrai tornare a lavoro. Ordini il tuo caffè, non ti siedi nemmeno a un tavolino, scegli di stare in piedi al bancone.

Il barista ti serve il caffè e tenta l'*upsell*. Cosa ti proporrà? Esatto! Una pasta ancora fumante. In questo caso si tratta, come nell'esempio precedente, di un *upsell* perché sei entrato presumibilmente per fare colazione.

Ma tu rifiuti l'*upsell* questa volta, hai già mangiato a casa e non è il caso di fare una seconda colazione o di questo passo dovrai cambiare il guardaroba. Quindi cosa ti resta da fare? Chiedere il conto, ovviamente.

E proprio qui, quando pensavi di essere salvo, il simpatico barista utilizza un'altra arma: il *cross sell*. Ti guarda negli occhi, capisce che sei stanco e che dovrai andare a lavoro di lì a poco.

"Le posso fare una domanda?" chiede con voce delicata il barista.
"Certo, mi dica pure."
"Lavora qui in zona?"
"Sì, vicino al centro. Perché?"
"Non so se lo sa ma stiamo contribuendo tutti alla pesca di beneficenza che si svolgerà questo weekend. Stiamo cercando un piccolo contributo da quante più persone possibili per aiutare le

persone che se la stanno passando molto peggio di me o di Lei.

Mi creda, anche un piccolo gesto per noi conta molto e può fare la differenza. Lei mi sembra una persona gentile, posso contare sul suo piccolissimo contributo?"

Questo è il momento in cui realizzi che ormai la trattativa è già stata fatta e non puoi più tirarti indietro o sembrerai un essere senza cuore e dovrai ammettere che non sei gentile come credeva il barista ma risulterai uno spilorcio che non ha a cuore la società.

Questo è un *cross sell*. Ti vendo qualcosa che non è inerente alla cosa per la quale tu sei entrato nel mio negozio.

Chiusa parentesi. Mi piace spiegarti più cose possibili riguardo a questo business di conseguenza ci sembrava doveroso darti queste informazioni prima di proseguire con la nostra storia.

Come abbiamo già detto in soli 3 giorni trovai il nostro primo prodotto. Era lui il nostro cavallo vincente, ne ero certo. Sapevamo che avrebbe funzionato. Così iniziai a dialogare su

Wechat (in Cina WhatsApp non è il player principale) con alcune fabbriche cinesi.

Molti pensano che il non sapere l'inglese possa essere in qualche modo limitante in questa attività. Beh, io non so se tu lo pensi o meno, in ogni caso ci tengo a distruggerti questa credenza nel caso tu l'avessi.

All'epoca sapevamo a malapena scrivere 4 parole in croce e per capire i video di David ci abbiamo messo 1 mese… Circa 6/7 ore di video-corso! Quello che facevamo era usare un'arma segreta, una risorsa che ti rende quasi madrelingua nel giro di pochissimi secondi. Cos'è questa arma super segreta? Google Traduttore!

Esatto. Parlai con i cinesi traducendo di sana pianta dall'inglese all'italiano e dall'italiano all'inglese. Facile come bere un bicchiere d'acqua. Quindi se tu sei a zero con il tuo inglese, ti capisco benissimo, anche io ero in quella drammatica situazione.

"Drammatica" in termini assoluti ovviamente. Nel 2021 non si può non sapere l'inglese, riprogrammati con il metodo dell'immersione come ho fatto io e imparalo, my friend, it's time to improve your english.

Fatto questo creammo il nostro prodotto e organizzammo la spedizione con il loro agente e il loro spedizioniere. In soldoni, abbiamo delegato a loro tutta quella parte che noi non sapevamo minimamente fare.

I fornitori sono abituati a gestire queste situazioni, quindi per loro è un lavoro di routine. Hanno tutti i contatti con gli spedizionieri migliori e hanno accordi che tu ancora potresti non avere come noi all'epoca.

Dopo 2 settimane scarse, un'email: "il tuo prodotto è stato ricevuto nel centro logistico di Piacenza". Andava tutto come doveva andare, non c'erano state brutte sorprese. Tutto filava liscio. Dopo 2 giorni da quella email, un'altra email da Amazon che ci ha fatto perdere il fiato per un attimo.

"Il tuo prodotto è ora online". Subito sono stato colpito da un po' di ansia, non te lo nego, era il momento della verità. Avremmo venduto oppure no? Questa era la domanda. Così decidemmo di smorzare la tensione e la felicità con una pizza e qualche patatina presa alla rinfusa a casa mia. Le vendite iniziarono praticamente da subito. Era quasi come fosse magia.

Un momento davvero illuminante che mi fece capire cosa avevo messo in moto e quanto fosse il potenziale effettivo di questo business, arrivò una sera. Ero invitato a cena da mia mamma, squilla il mio telefono, era il mio amico. Rispondo, e senza fare nemmeno in tempo a dire pronto, lui incalza subito: "Hai visto il Seller Central a quanto è arrivato?".

"Sinceramente, fino a un paio d'ore fa, nulla di entusiasmante…". Non lo aprivo da 4 ore, ero a cena e di solito non guardo mai il cellulare quando mangio.

Mi rimprovera: "Allora, vai, corri a vedere che…". Gli avevo già letteralmente attaccato il telefono in faccia perché il tono con cui lo aveva detto mi aveva fatto bloccare il respiro. Apro l'app del Seller Central e leggo una cosa che non mi sarei mai aspettato dopo solo 2 settimane di prodotto online. Più di 1.200€ ottenuti in un solo giorno, ed erano solamente le 22,00.

Da qui iniziò il mio sogno. Avevo capito che era reale. Che stavo vincendo, almeno una volta nella vita quella battaglia l'avevo portata a casa io. Con il passare dei giorni e dei mesi sono diventato consapevole di cosa voleva dire quello che avevamo fatto. È stata una cosa partita con tanto entusiasmo e finita con molta consapevolezza.

Quello che credo, a posteriori, abbia fatto maggiormente la differenza è stata la lungimiranza nel voler acquisire anche conoscenze trasversali, studiando e apprendendo il marketing. Capire come applicare tante *skills* diverse al mondo della vendita su Amazon penso che abbia fatto una differenza incredibile nel mio business.

Questa è infatti la principale "pecca" del mercato italiano. Ogni giorno riscontro questa mancanza quando analizzo i venditori su Amazon, che sia prima di lanciare un nuovo prodotto o che sia in sede di consulenza strategica con i miei studenti. Questo fattore determina e decreta il mio successo e quello dei nostri studenti.

Mentre gli altri cercano le informazioni su "Amazon Fba", io studio ogni giorno il marketing dai migliori formatori al mondo e lo applico nel mio business.

Ma la favola non finisce qui… L'incontro con Alfio Bardolla.
La sana abitudine, che ho appreso fin dai primi incassi, è stata quella di reinvestire parte dei soldi guadagnati nella formazione e nella conoscenza, nonché sulla mia crescita personale.

Dopo 8 mesi di attività, io e il mio amico prendiamo la decisione di partecipare al nostro primo Wake Up Call di Alfio. Durante il primo giorno di evento ci viene comunicata l'esistenza di un contest: la foto che su Instagram prende più like vince un pranzo con Alfio.

Cosa?? Non potevo crederci, ero entusiasta per quella possibilità. Così tornammo nella suite dell'hotel (tra l'altro davanti all'hotel dove stava Alfio a dormire, con la speranza di incontrarlo durante il suo famosissimo *miracle morning* in spiaggia e potergli fare qualche domanda); e iniziammo a lavorare sulle sponsorizzate della foto che avevamo prontamente fatto.

Non l'ho specificato prima perché lo davo per scontato se hai imparato a conoscermi un pochino: volevo vincere, non c'erano altre possibilità. Avrei vinto a qualunque costo e pagando qualunque prezzo. Quel pranzo era mio e me lo sarei andato a prendere!

Il giorno dopo, durante la colazione, controlliamo insieme le sponsorizzate: circa 1000 like. Che, per un profilo come il nostro da 600 persone era tantissima roba, come si suol dire. Arrivati all'evento però ci accorgiamo che persone con meno follower di noi avevano già cinque/seimila like. Hai capito bene!

Mi domandai come fosse possibile, ero comunque esperto in sponsorizzate, avevo studiato tantissimo. Come era possibile che uno così bravo a sponsorizzare non fosse conosciuto nell'ambiente.

Diavolo, doveva essere un genio delle sponsorizzazioni alla Nicholas Kusmich (mio primo mentore per le Facebook Ads, quello che gestisce le sponsorizzate di Tony Robbins per intenderci). Non ci volle molto a capire che tutta quella "bravura" derivava da un trucchetto: comprare i like su Instagram.

"Ma è possibile che si possano comprare i like su Instagram?" "Eh, che ne so, probabilmente sì, perché assolutamente non è normale questa cosa".

Con il passare delle ore sempre più fenomeni delle Facebook Ads comparivano nella sala della Wake Up Call. Ok, ora era il momento di agire. Non avrei mai permesso a nessuno di battermi, se c'era chi giocava sporco allora era il momento di scendere in campo e combattere con le stesse armi.

"Non butterò nel cestino questa possibilità perché qualcuno ha comprato i like, su questo puoi starne certo! Noi giocheremo d'astuzia. Quando il gioco si fa duro i duri iniziano a giocare e poi, Alfio non ha mai detto che comprare i like non fosse lecito. Lui ha detto: vince la foto con più likes, that's it!".

Così bloccai manualmente tutta la sala dal profilo Instagram dal quale avevamo pubblicato la foto, in modo che non potessero vedere quanti like stavo comprando. Avrei agito sotto le maglie, nell'oscurità, e avrei fatto una bella sorpresa a quello che credeva di avere battuto tutti.

Nel margine d'errore che ci eravamo prefissati dovevamo essere almeno 20.000 like in più del nostro "competitor" principale, quindi se qualcuno infrangeva questo *gap* io intervenivo a comprarne subito altri 10.000.

Ovviamente ho vinto il pranzo con Alfio Bardolla e per la prima volta sono salito sul palco più bello che avessi mai visto. 3300 persone in una sala. Fantastico!

Lo so, lo so, volete sapere con quanti like alla fine siamo riusciti a vincere questo contest… Bene, erano la bellezza di 83k di like.

Al pranzo succede una cosa che, almeno in parte, avevo previsto potesse accadere: Alfio analizzando i numeri del business, la mia visione, il mio modo di ragionare, i metodi applicati e imparati sulla mia stessa pelle e i progetti che avevo, mi chiede di fare società insieme a lui.

La vita è veramente strana, da un passato turbolento a fare una società con il più alto esponente della formazione in Italia. Per me fu un vero e proprio shock emozionale.

I progetti si sono in pochissimo tempo moltiplicati e concretizzati a fronte di un lavoro e impegno ancora più sodo. Lavoravo più che mai. A qualunque ora del giorno e della notte, senza sosta. Ero implacabile in quel momento.

Quando ero a pranzo con lui, il mio programma formativo era già in fase di preparazione, quasi di revisione e ultimazione si può dire. Se non ricordo male mancavano 4 o 5 lezioni… Decisi che avrei lanciato il giorno del compleanno di Alfio, in segno di rispetto e gratitudine.

Quasi inutile dirti l'enorme successo che ho ottenuto al lancio, più di 75 studenti in poco meno di un mese. Mentirei se ti dicessi che il risultato mi spiazzò. Era un risultato prevedibile che avevo pianificato e programmato da 9 mesi.

A livello emotivo invece non ebbe l'impatto che immaginavo. Già fatturavo più di 4.000 euro al giorno con 2 prodotti solo in Italia grazie alla vendita su Amazon e ormai mi ero staccato dai soldi come metro di soddisfazione puro e semplice.

Mi ero accorto che stavo facendo tutto questo per un altro motivo. Per la passione di insegnare e aiutare i miei studenti. La responsabilità di poter impattare finalmente su centinaia e centinaia di persone mi rendeva felice.

Nei mesi successivi al lancio, i risultati che mi riempirono di gioia maggiormente furono quelli ottenuti dai miei studenti. (Dopo leggerai qualche caso studio davvero… Impressionante!).

I risultati sono la conseguenza di un buon investimento in formazione: questa è una realtà dalla quale non è assolutamente possibile fuggire.

L'unico modo per riuscire a ottenere il successo che non hai mai ottenuto è diventare la persona che non sei mai stato. In qualunque settore della vita: dalla genitorialità, alla vita di coppia, al successo imprenditoriale, alla tua salute ecc.

Il mio successo è derivato dalle informazioni e dai mentori che avevo scelto. Questa è la ragione per la quale sono così fiero del mio operato e del mio programma formativo quando assisto a veri e propri "miracoli" da parte dei miei studenti.

Anche se mi sono diviso come imprenditore dal mio vecchio amico e non collaboriamo più insieme per motivi, molto banalmente, di obiettivi diversi, è stato un percorso bellissimo e felice.

Quando ne parliamo, ad oggi, ricordiamo quei momenti con grandissima soddisfazione e come il progetto meglio riuscito che avremmo potuto fare. Non volevo un info prodotto "lanciato" sul mercato per mettere insieme qualche spicciolo e fare la differenza giusto per una manciata di persone: no!

L'obiettivo che mi ero posto e la visione che mi ha guidato era di dare una reale possibilità a chiunque avesse una giusta mentalità, di avere dei risultati e di arrivare al successo in questo business.

Dovevo offrire un metodo che potesse essere preso e replicato più e più volte, insomma, volevo dare una soluzione definitiva per chiunque volesse imparare come si vendesse online su Amazon.

Per far raggiungere la vera libertà. Diventare una persona diversa per vincere in modo diverso non è una frase fatta: il ragazzo discotecaro che ero 5 anni fa non poteva diventare quello che sono oggi, le metriche con cui ragionava il mio cervello non potevano realizzare quello che ho realizzato oggi.

In base alle nuove *skills* che ho appreso, ho elaborato nuove strategie e collegamenti di pensiero che mi fanno agire in maniera diversa, ottenendo… Semplicemente la vittoria!

Il problema non erano solo le informazioni (che comunque mi mancavano), ma io stesso ero il problema: non ero la persona giusta per poter ottenere grandi risultati.

Ti dico questo perché voglio che tu sappia che, se non stai vivendo la vita che desideri, è la tua mente a impedirtelo. Ma… niente paura.

Puoi colmare il *gap* che c'è tra quello che sei e quello che vuoi ottenere con delle nozioni potenzianti ed efficaci, chiaramente, agendo.

Nel prossimo capitolo, difatti, ho voluto trasmetterti le nozioni su cui basare la tua nuova forma mentis, essenziale per ottenere il tuo personale successo.

Capitolo 2:

Come programmare la tua mente al successo

Prima di parlarti di come funziona il mondo della vendita su Amazon, c'è un passo fondamentale che devi compiere: installare nella tua mente i giusti file che ti porteranno al successo.

Immagina il tuo cervello (non è corretto parlare di "cervello" ma non vorrei andare troppo sul tecnico, quindi per semplificare facciamo finta che si tratti del cervello) come fosse un grande computer. Il tuo cervello agisce in base ai programmi e alle app che tu hai installato.

La mente infatti agisce per il 90% in maniera inconscia e solo per il 10% in maniera conscia e razionale. Questo perché non potremmo fisicamente processare tutte le informazioni che ci vengono proposte. Il cervello è "pigro" per definizione e tende a selezionare solo le informazioni che sono strettamente necessarie.

Quando impariamo a guidare, per esempio, abbiamo la nostra parte razionale attiva all'ennesima potenza. Ti ricordi quando sei salito le prime volte su un'auto?

Allaccia la cintura, aggiusta il retrovisore, guarda gli specchietti, premi frizione e freno, abbassa il freno a mano, solleva gradualmente la frizione e accelera leggermente (in tutto questo tieni le mani sul volante in posizione, ruotale e guarda gli specchietti se arrivano macchine). Tutte queste cose le facevi con estrema consapevolezza. Giusto?

Poi cosa è successo? Il guidare è diventata un'abitudine. Ora puoi cantare, cambiare radio, pensare a tutt'altro e, addirittura se non sei bravo o brava, riesci anche a rispondere ai messaggi su WhatsApp o guardare Instagram. Non mentire, lo hai fatto! Non farlo mai più!

Come è possibile guidare se tu non hai la consapevolezza di farlo? Ti è mai capitato di arrivare a destinazione e dire: "Ehi, sono già arrivato?! Chi diavolo ha guidato fino a qua? Io pensavo a tutt'altro!".

La tua mente inconscia lo ha fatto! Il tuo sistema di abitudini, credenze e convinzioni comanda il tuo corpo ogni singolo secondo della tua vita, se ci rifletti non sei consapevole di quasi nulla. E la cosa "brutta" sai qual è?! Che i file e i programmi che tu hai installato nella tua mente sono tutti lì: nella mente inconscia.

A livello razionale potresti sapere che una credenza è errata, che non ha basi solide sulla quale reggersi ma la mente inconscia è quella che guida il tuo corpo; e cambiare il subconscio non è così facile.

Molti pensano che la riprogrammazione dell'inconscio sia basata sul pensiero positivo, in realtà questo non ha nulla a che vendere con il successo. La legge dell'attrazione non ha nulla a che vedere con il pensiero positivo anche se tutti credono questo.

Da cosa deriva questa credenza? Da una lettura e da un'interpretazione errata di *Think and Grow Rich* di Napoleon Hill e da *The Secret*.

Think and Grow Rich o *Pensa e arricchisci te stesso* ha un'implicazione errata già nel titolo. Il messaggio che ci passa questo titolo sottintende il *"Just" think and you will grow rich*.

Il problema è che pensare e basta non ci farà diventare ricchi. Le persone leggono questo libro in maniera completamente sbagliata. Il titolo di questo libro dovrebbe essere "How to think to grow rich" ovvero "Come pensare per diventare ricchi".

Attenzione, preciso una cosa prima di incappare in errori di semantica. *Pensa e arricchisci te stesso* è un ottimo libro in ogni aspetto. Certo è che bisogna interpretarlo nel modo corretto. Come? Semplicemente va letto senza preconcetti di sorta e tenendo in considerazione che bisogna agire affinché i pilastri di Napoleon Hill diano i loro frutti.

Stesso discorso potrebbe essere fatto con *The Secret* sulla legge dell'attrazione. Molti scambiano questo libro per un libro sulla "positività", sul fatto che tu immagini qualcosa e "puff" si materializza davanti ai tuoi occhi.

In realtà anche se tu sei positivo, pieno di entusiasmo e consapevole delle tue potenzialità ma non fai assolutamente nulla… Beh, allora che tu sia positivo o meno non fa alcuna differenza. Paradossalmente potresti anche essere negativo, non cambierebbe assolutamente nulla nella tua vita.

Non troverai un solo caso studio di qualcuno che era alla canna del gas, si è messo a letto e ha iniziato a pensare positivo, visualizzare le Lamborghini o le case di Beverly Hills e dal giorno alla notte ha cambiato la sua situazione. E ciò semplicemente perché questo non funziona.

Bisogna agire. Questa è la chiave. Leggere libri, comprare un video-corso, andare a un seminario, fare coaching e mastermind sono completamente inutili se non applichi quel contenuto alla tua vita.

Molto spesso il nostro subconscio tende a sabotarci. Tende a distruggere quello che noi vogliamo creare perché non è allineato con il nostro perché. Molto spesso mi viene chiesto: "Mitch, ma perché hai inserito la riprogrammazione mentale all'interno del tuo video-corso?".

La risposta a questa domanda è molto semplice: perché è troppo importante riprogrammare la mente al successo ancora prima di iniziare un'attività imprenditoriale. Questo è il motivo. E i risultati mi danno ragione, abbiamo sempre più studenti che ci fanno i complimenti e che ottengono risultati incredibili.

Alcune lezioni sono proprio per i momenti difficili. Attenzione: non sono motivazionali. Non credo nella motivazione esterna. Se la motivazione per migliorare la tua vita devo dartela io, beh... Sei messo male. Il mio ruolo non è quello di motivarti, bensì di farti interiorizzare concetti che all'occorrenza possono essere d'oro da ricordare.

La scelta di creare un video-corso infatti è derivata principalmente da questa modalità di fruizione. La mente si riprogramma in 3 modi: ripetizione, shock emozionale e ipnosi.

Attraverso un video-corso puoi ascoltare le lezioni tutte le volte che vuoi e puoi agire riprogrammando la tua mente attraverso la tecnica più semplice del mondo: la ripetizione.

Per questo motivo ho creato supporti cartacei, pdf con le trascrizioni ed estratti audio. In modo che ovunque vorrai potrai studiare e ripetere i concetti che ti porteranno a ottenere risultati straordinari. La giusta attitudine mentale incide per il 90%, solo il 10% è la tecnica.

Purtroppo, il 99% delle persone approccia ogni tipo di business facendo l'esatto contrario. Ho perso il conto delle persone che partecipano a ogni tipo di evento di formazione, comprano corsi su corsi, spendono decine di migliaia di euro all'anno per formarsi e poi? Beh, per la maggior parte di loro, il giorno 1, quello dove si va ad applicare ogni cosa che è stata imparata, non arriva mai.

Sono appassionato di formazione, investo ogni anno una quantità di denaro folle (per il 99% delle persone) con lo scopo di imparare dai migliori al mondo in ogni ambito della mia vita, non vorrei passasse un messaggio sbagliato. Quello che la formazione non deve diventare per te è un passatempo modello Netflix, nel quale studi, studi e non applichi mai.

Compra un corso, studialo per bene e applica quello che hai studiato. Questo è il modello che funziona.

Lo so, questo capitolo è abbastanza scomodo ma devi perdonarmi, certe cose non le dice nessuno e mi sembrava giusto toccare questi argomenti. Ovviamente dico "toccare" perché non è un libro sul mindset, quindi non sono approfonditi nel dettaglio.

Nel programma formativo Fba Evolution ho un intero capitolo dedicato a questo argomento che va ad analizzare ogni cosa più approfonditamente. Spero che tu sia pronto per leggere quello che verrà ora perché potrebbe essere "forte".

Il 99% delle persone fallisce miseramente in tutto ciò che fa: relazioni, business, salute, vita di coppia e chi più ne ha più ne metta...

Perché questo? La risposta è presto detta: segue la massa e segue quello che "dicono tutti". Da bambini i nostri genitori ci invitavano a ragionare con la nostra testa. "Se lo fanno tutti mica lo devi fare anche tu, non sei un pecorone! Pensa con la tua testa!", sento ancora queste parole pronunciate da mia mamma se chiudo gli occhi.

Penso che questo sia l'insegnamento che ogni genitore almeno una volta ha dato a suo figlio o a sua figlia. Se solo più persone fossero riuscite a percepire l'essenza di quella raccomandazione, molto probabilmente non saremmo in queste situazioni politiche, catastrofiche e di crisi perenne.

Con il passare degli anni quella raccomandazione perde via via di importanza, per esempio quando inizi ad andare a scuola. Sì, lì il mantra cambia.

Non si può più "pensare con la propria testa" ma bisogna seguire le regole, stare zitti, chiedere il permesso per andare al bagno, studiare anche le cose più inutili e poi ripetere pedissequamente anche senza avere capito il concetto. Se ripeterai quello che c'è scritto *prenderai 10. Non c'è spazio per ragionamenti Out* of the Box.

Purtroppo, nella vita reale questo schema di pensiero è altamente fallimentare. Prendiamo consigli finanziari dai nostri genitori che, a meno che non siano diventati ricchi, non hanno la benché minima idea di quali siano le regole del gioco dei soldi.

Prendiamo consigli sentimentali dal nostro amico che non ha mai avuto una relazione più lunga di 2 anni.

Prendiamo informazioni da televisioni e giornali scritti e controllati da fazioni politiche. E in base all'orientamento politico comprerò solo quotidiani che supportino la mia linea di pensiero senza mettere mai nulla in discussione.

Insomma, più passano gli anni più veniamo inghiottiti da questo modello fallimentare che porta alla mediocrità e all'insuccesso.

La maggior parte delle persone è propensa solo a parlare per sentito dire e a *non* pensare con la propria testa. Infatti, per la stragrande maggioranza di cose la mente (sempre perché il nostro cervello è "pigro" e tende a semplificare, per il discorso che facevamo prima) non ci porta a "pensare".

So cosa stai *pensando*, so che stai dicendo: "ma cosa stai dicendo? Io "penso"!". Ok, allora prima di spiegarti questo concetto voglio giocare con te.

Prova a *pensarti* in questa situazione: vorresti iniziare un tuo business online, vorresti vendere prodotti in tutto il mondo da casa tua e vorresti essere libero di viaggiare e di decidere tu i tuoi orari. Come ti farebbe sentire?

Sicuramente il tuo cervello ti ha proiettato delle immagini. Ora ti chiedo? Ci hai pensato davvero? Oppure hai fatto qualcosa di diverso dal pensare?

Vedi, il cervello umano è programmato naturalmente per attivare due programmi soltanto in queste circostanze: o crea immagini tramite l'immaginazione o attinge a ricordi e ad esperienze similari.

Non potresti "pensare" a questa situazione a meno che tu non la stia vivendo in questo momento. Il cervello pensa solo quando deve risolvere problemi o uscire da situazioni che non lo rendono sereno per motivi di "risparmio energetico primitivo".

Per esempio, cercare questo libro è stato il frutto di un pensiero. Probabilmente sei in una situazione che ancora non ti piace, così stai cercando modi e strategie che ti possano portare alla situazione che vorresti vivere.

Dopo di che, hai solo immaginato che questo libro potesse aiutarti a risolvere il tuo problema. Che in questo caso ti potrebbe concretamente dare gli strumenti per risolverlo ma non potevi saperlo a livello razionale prima.

La tua immaginazione, collegata alle emozioni che ti si sono generate, ti ha spinto a fare questo acquisto, che poi hai razionalizzato con la tua mente conscia.

Dobbiamo prestare attenzione a tutti quelli che, in gergo tecnico, sono chiamati bias cognitivi. Cosa sono? Sono giudizi, o per meglio dire, sono pregiudizi, che non corrispondono alla realtà ma che si sviluppano tramite l'interpretazione delle informazioni che abbiamo.

Non hai capito bene? Ok, te lo spiego meglio. Sono semplicemente dei modi in cui la tua mente distorce la realtà e te la fa sembrare reale come se fosse un dato di fatto.

Facciamo degli esempi di bias cognitivi che al 99.9% hai. Hai mai sentito parlare del temutissimo e spietato "colpo d'aria" che ti fa ammalare? Del "copriti che prendi freddo e ti ammali"? Del "non girare a piedi scalzi che ti viene il mal di pancia, raffreddore" ecc. ecc.?

Non esiste clinicamente il colpo d'aria. Non c'è alcuna rilevanza medica che il freddo faccia ammalare, anzi! Semplicemente potrebbe esserci carenza di vitamina D e K2 per la mancanza di sole, quindi le difese immunitarie si abbassano.

Fai delle ricerche su questa cosa perché il "colpo d'aria" non esiste, è un bias cognitivo. In gergo tecnico questo si chiama Bandwagon Bias.

Ce ne sono tantissimi di *bias*:
- *Confirmation bias*: tipico dei sostenitori di partiti i quali, per

colpa di questo bias, screditano ogni altra tesi senza nemmeno ascoltarla perché il cervello dà rilevanza solamente alle idee che confermano la loro tesi.

- *Availability heuristic*: consiste nel dare troppo valore alle informazioni che già abbiamo: "mia nonna fuma da 85 anni ed è sana come un pesce!". Questa affermazione, anche se potrebbe essere vera, non ha alcuna validità statistica sulla teoria che il fumo non faccia male. Tua nonna ha avuto fortuna, la maggior parte delle persone muore o ha gravi ripercussioni fisiche nel lungo periodo.

- *Clustering illusion*: il nostro cervello tende a ricercare schemi e pattern anche laddove non esistono. Per farti un esempio: prendiamo il gioco del lotto con i famosi "numeri ritardatari". Siamo convinti che se il numero non esce da tanto allora sarà più probabile che venga estratto questa volta. Non c'è logica in questo pensiero, ogni numero ha ogni volta la stessa probabilità di essere estratto, in questo caso 1 su 90.

Poi abbiamo il *placebo effect, ostrich effect, loss-aversion bias* e tantissimi altri.

Uno dei bias cognitivi più pericolosi che abbiamo è senza dubbio quando invece attingiamo ai ricordi. Molto spesso ci facciamo frenare dal prendere le decisioni, che razionalmente sappiamo essere giuste, perché i ricordi (nostri o di persone che abbiamo conosciuto) ci ostacolano.

Non pensiamo alla situazione in maniera oggettiva e prendiamo come dato di fatto e come verità assoluta il nostro passato.

Potresti avere già avuto esperienze con il mondo imprenditoriale: online o offline è indifferente, il business è business e non ha queste distinzioni dal momento in cui si tratta di creare una azienda in ambedue le casistiche.

Potresti aver già acquistato un corso per esempio e potrebbe non aver portato alcun risultato. Ora tu potresti essere spaventato dall'acquistarne un altro e metterti in gioco. Perché? Perché il tuo passato e i tuoi ricordi giocano contro di te.

Non stai realmente pensando, in maniera oggettiva e razionale, al motivo per il quale, nel passato, qualcosa è andato storto. Come non stai pensando lucidamente a quali sono i vantaggi di questo business e come potrai tu diventare un venditore di successo come tanti altri.

Se pensassi in maniera lucida sapresti che ci sono 1000 varianti che non hanno funzionato. In primis potrebbe essere un corso "fuffa", è vero. Questo però non rende tutti i corsi online delle truffe.

Mi spiego meglio: se questo libro non ti piace e quando lo avrai finito lo vorrai regalare al tuo peggior nemico per fargli un dispetto… Beh, questo non fa sì che tutti i libri siano brutti come questo.

Stephen King fa libri carini se ti piace il genere, su di lui metto una buona parola anche io che sono un pessimo scrittore. (Del resto, il mio lavoro è fare l'imprenditore quindi nel caso perdonami. Per di più io sono bravo a vendere più che a scrivere, infatti sono un autore best seller, non best writer).

Oppure potrebbe essere che non lo hai mai applicato quel famoso video corso per 100.000 motivazioni diverse, legittime e non. Queste sono analisi oggettive.

Questo meccanismo di difesa non ci rema contro solamente nel business ma anche nelle nostre relazioni personali. Pensiamo a quando dopo una lunga storia d'amore veniamo lasciati. La reazione immediata è questa: "Non mi innamorerò mai più. Ne ho abbastanza delle donne/degli uomini. Non funziona mai".

Questa reazione, benché sia perfettamente normale, non ha alcun fondamento logico nel quale potrebbe intervenire il nostro pensiero. Infatti, si tratta di un pensiero derivante solamente da ricordi e da nostre "brutte" esperienze che si uniscono con la nostra immaginazione del "non funzionerà mai".

Questi sono solo alcuni dei motivi per i quali il 99% delle persone fallisce in tutto ciò che fa e non è felice della propria vita. Il dato scioccante della statistica è che l'87% degli intervistati si dichiarava infelice della propria vita.

Ma allora cosa fa l'1%? Quasi sempre l'esatto opposto di quello che fa la massa.

Una regola aurea che ho imparato e a cui faccio fede, che può anche risultare forse un po' sfacciata a primo impatto, è che se tutti dicono e concordano una cosa, probabilmente è sbagliata. A quanti di noi hanno sempre detto "comprare casa per andarci a vivere è un ottimo investimento"? Errore finanziario numero uno!

Oppure "vai all'università, troverai un posto fisso"? Ah sì? E come mai sono tutti a mandare i curricula ai vari Decathlon o McDonald's di turno?

Devi accettare che quasi tutto quello che credi vero oggi, in realtà è sbagliato. Metti sempre in dubbio ogni cosa, non vivere con delle certezze. Pensa con la tua testa. Cerca, informati e studia sempre. Questa è la chiave per la crescita: la curiosità.

Chi ha risultati veri non segue la massa: compie azioni ed è disposto a fare tutto quello che c'è da fare.

C'è un'altra caratteristica che mi è stata di grande aiuto nella mia crescita e nel mio percorso imprenditoriale: diventare un problem solver cintura nera, terzo dan. Il *problem solving* è una delle caratteristiche "salvavita" di chiunque decida di affrontare il business.

La verità è che nessuna attività imprenditoriale crescerà per sempre, ogni mese, per 100 anni. Affronterai crisi, difficoltà e problemi. Dovrai imparare a gestire lo stress e i problemi.

Se non hai ancora vissuto un periodo di crisi o di calo da quando sei nel gioco, beh, preparati... Arriverà presto. Non te la sto gufando, ti auguro il meglio e che tu possa avere sempre il vento in poppa ma voglio metterti in guardia, perché questo vuol dire avere aziende serie e business reali.

Dovrai fare un cambio di mentalità se sarai alla tua prima esperienza. Dovrai abituarti ad avere la mente focalizzata sul risolvere i problemi cercando soluzioni anziché sulle difficoltà. Quando nonostante gli ostacoli i tuoi pensieri sono indirizzati a trovare soluzioni velocemente, possiedi la chiave d'accesso per raggiungere ogni tuo obiettivo, in qualsiasi area della vita, non solo del business.

Usa queste domande:

"Come posso fare per..." è una domanda potente, perché ti dà la possibilità di non soffermarti sul problema ma sulla soluzione. Viceversa se ti chiedessi: "Perché mi è successo...?", "Perché sono stato così sfortunato...?" il focus sarebbe sulla vicenda negativa. E ti continueresti a interrogare su una situazione passata che non ha più influenza nel tuo presente.

"Come posso fare per..." ti permette di avere accesso a quelle risorse interiori che non sai nemmeno di avere, se solo consentirai loro la possibilità di esprimersi.

Cambiare i paradigmi mentali, come vedi, è essenziale, così come lo è circondarsi di persone potenzianti e frequentare ambienti che possano avvicinarti al tuo obiettivo.

Se stai leggendo questo libro fai parte di quella cerchia che ha una concezione d'impresa completamente diversa rispetto alla massa. Stai certo di una cosa: in pochissimi capiranno le tue scelte di oggi e del futuro.

A parole tutti vogliono migliorare la propria vita. Nei fatti però è solo quell'1% che davvero è disposto a pagare il prezzo che c'è da pagare per migliorare la propria vita e quella di chi gli sta attorno.

I più verranno decimati, altri si arrenderanno, molti arriveranno addirittura a metà strada o, per qualche strano motivo, distruggeranno tutto; altri ancora non si assumeranno la responsabilità di se stessi, altri torneranno nella propria zona di comfort perché lì si sta bene, comodi, non ci si mette in discussione e ci si "coccola" nella facilità dei luoghi comuni; e ancora altrettanti non si rialzeranno dopo le cadute "naturali" che ci saranno.

Solo una persona su cento farà il contrario di tutte queste cose e solo questa arriverà su in vetta. Sarai tu?

Ci sono buone probabilità se analizziamo in maniera oggettiva la situazione. Stai leggendo queste pagine. La maggior parte delle persone questo capitolo non lo legge perché non è una *"cosa pratica che fa fare soldi"*.

Ti predico una cosa: tutti coloro che hanno saltato questo capitolo falliranno. Tutti, dal primo all'ultimo.

Le persone sono focalizzate sul "cosa fare" ancora prima di capire *"chi dovrei essere"*. Tu invece stai dedicando il tuo tempo a imparare, a cogliere spunti e a creare nuove sinapsi nel tuo cervello che creeranno a loro volta nuovi collegamenti.

Un altro tema che ti avvicina alla cima è il fattore lettura. Tu hai investito sulla tua formazione e per questo dovresti essere grato a te stesso/a. A me un libro ha cambiato completamente la vita e io mi auguro che questo libro possa cambiarla anche semplicemente a una persona per ritenermi soddisfatto.

È anche vero che non si crea un business leggendo un libro e non si diventerà ricchi con un investimento di 20€.

La lettura in ogni caso fa un enorme differenza tra il successo e l'insuccesso. Io stesso, e tutte le persone di successo che conosco, ho questa caratteristica in comune: leggere almeno un libro a settimana.

Nutrire la mente è la cosa migliore che tu possa fare. Sei nel 36.7% di italiani che legge almeno un libro all'anno, quindi complimenti, sei sulla buona strada!

In più sei appassionato di formazione probabilmente, quindi sai quanto è importante investire nelle informazioni giuste che ti permettono di arrivare senza errori alla vetta. Questa sarà la tua arma vincente, se lo vorrai e se prenderai la decisione di diventare un venditore su Amazon.

Io sono ruzzolato decine e decine di volte, ma avevo in mente solo una cosa: fare qualcosa di grande e mettere il picchetto su quella cima. Non sapevo come, non sapevo il mezzo, non conoscevo la strada perfetta, ma l'ho creata: in che modo? Facendo, muovendomi, provandoci, testando e soprattutto... non arrendendomi mai.

Mi sono rialzato, a ogni inciampo, mi sono scrollato la polvere di dosso e ho proseguito, ovviamente in direzione opposta alla massa.

La vera mia svolta è stata quando ho smesso di pensare da "mediocre". Sono un ragazzo normale: sono andato all'università, ho accettato lavori non gratificanti e ho iniziato attività sapendo in cuor mio che non mi avrebbero dato mai e poi mai quello che avrei voluto. Mi stavo accontentando perché "almeno" potevo sopravvivere tranquillamente.

Pensare "almeno" è la perfetta condizione che ti lascia bloccato in quelle situazioni che non ti permetteranno di evolvere mai né come persona né come imprenditore... Men che meno, di creare ricchezza.

"Almeno" ti fa fuggire da quella paura e dall'incertezza che si prova a fare cose che non hai mai fatto.

"Almeno" ti fa procrastinare e rimandare a "domani" che, giorno dopo giorno, diventa "mai". "Almeno" non ti permette di elevare alcuno standard in vita tua.

Per anni, io sono stato incatenato in quei cicli fatti di dolore e angoscia, disperazione e depressione, in cui si alternavano costantemente creazione e demolizione. Mi sono reso conto solo poi che il modo di fare che seguivo era uno schema sempre uguale e ricorrente.

Ogni volta lo ripetevo. Per cambiare questa tendenza ho attinto al coraggio di osservarmi dall'esterno. In maniera oggettiva.

Come se la mia vita oltre quel livello non ci potesse andare, come se non fossi "capace" di elevare quegli standard, o peggio ancora "non meritevole" di avere una vita non basata sulla mediocrità. È come se avessi avuto un termostato impostato, oltre il quale, oltre quella temperatura non mi fosse permesso elevarmi: un tetto massimo dove arrivare per poi spegnersi.

Tutti noi, anche per quello che riguarda i soldi presenti nel conto corrente abbiamo un determinato valore come nostro punto di riferimento. Quel numero che, quando lo vediamo nel conto corrente, ci porta allo spendere e fare acquisti come fossimo i re del mondo, e quel saldo invece che ci fa entrare in allarme quando scende al di sotto di una determinata cifra.

Se il saldo è eccedente al nostro termostato, allora spendiamo in cose anche folli (e difatti io non risparmiavo mai nulla), se va al di sotto ti mette in allerta per farti rientrare il prima possibile. I numeri cambiano da persona a persona, ma ti posso assicurare che da quando li ho modificati forzatamente, tutto per "magia" si è spostato su un nuovo tenore.

Ovviamente non si tratta di magia, è solo questione di settare i propri standard diversamente e compiere azioni quotidiane in modo che ci si rispecchi in quei livelli più elevati. Difatti, ho iniziato a mettere da parte, a diversificare, a smetterla di comprare cose effimere e inutili, anzi a investire in strumenti utili alla mia crescita e da subito il vecchio schema è stato rimpiazzato dal nuovo.

Quando facevo il dipendente, quando mi sono approcciato al network marketing, mi sono "imposto" mentalmente che il conto corrente potesse "andare bene" se galleggiava tra i 1.000 (numero di panico) e i 3.000€ (numero di tranquillità).

Quando scendevo sotto i mille, entrava lo stato di allerta, quindi mi mettevo a fare le chiamate e a "sbattermi", quando, invece, superavo i cinquemila smettevo di essere affamato e il surplus lo spendevo tutto (nella migliore delle ipotesi).

La media del mio conto corrente era "casualmente" sempre e costantemente sui 2.000€, proprio perché quello era il numero che avevo impostato nella mia testa: il termostato era lì posizionato. Il livello medio che hai fissato nella tua mente sarà quello che ti farà agire e creare azioni per restare proprio in quel range. Non di più, non di meno.

Certo, non è che "cambiando" i numeri dall'oggi al domani guadagnerai di più, dimagrirai immediatamente o troverai la relazione stabile alla quale ambisci, ma il tuo asset mentale ti permetterà di creare le migliori condizioni per realizzare tutto questo.

Io l'ho applicato in ogni area della mia vita: dai rapporti con le persone, alla salute, fino al business e alle relazioni emozionali.

Quando vuoi fare il salto di qualità devi innalzare tutti i livelli o la tua mente ti farà sempre tornare laddove l'avevi "programmata". Essere in uno stato cerebrale lucido e al 100%, sempre, ti porterà alla chiarezza, forza e nitidezza: è "solo" questo a fare la differenza reale.

La cosa migliore, impattante e determinante che ho fatto è stata smettere uscire e fare baldoria. Di certo oggi non mi privo di cene fuori o di una serata in discoteca ogni tanto, ma tutto segue un criterio di sano equilibrio e di priorità.

All'inizio della mia attività, nonostante i risultati, non avevo assolutamente una visione chiara. Ero allo sbando, senza regole e senza priorità.

Quando ho fatto l'esercizio di esaminare i miei conti correnti, come io oggi sto invitando te di fare, la realtà mi si è palesata come una porta sbattuta sul muso. Ha fatto male, malissimo, ma non sarò mai grato abbastanza di aver compreso come funzionano le cose: siamo solo ed esclusivamente noi i diretti responsabili delle nostre vite, e tutto ciò che ci circonda è il riflesso dello specchio dei nostri pensieri.

Questa è la nuda e cruda verità: bella notizia da una parte, ma altrettanto brutale dall'altra. Puoi attribuire solo a te stesso il tuo successo, ma di contro anche il tuo fallimento.

Dopo essere arrivato al bandolo di questa matassa ho capito che era in mio completo potere avere il controllo della situazione. Fare soldi, ottenere un bel fisico, creare relazioni di valore, formare attività e business di successo, vuol dire "semplicemente" capire prima te stesso.

Tutto è la conseguenza di quello che hai nella tua mente inconscia che agisce senza il tuo permesso. Devi prendere in mano la situazione e cambiare ora.

Prima di iniziare questo business e di capire queste nozioni di mindset ero in uno stato di miseria pura. Per "miseria" non voglio intendere al solo saldo del conto corrente: miseria è quando devi lavorare 10 ore al giorno per 3€ l'ora, quando ti riduci a uscire tutte le sere perché non hai ambizioni, quando non hai prospettive di miglioramento, quando passi le giornate ad abbuffarti di schifezze e bevendo birra.

Quando passi da una donna all'altra senza cognizione di quello che stai facendo, quando non hai né hobby né amici sani, quando sei lobotomizzato senza via d'uscita.

Ho lavorato duramente per uscire da questo quadro di pochezza: non è stato di certo facile e nemmeno lo è ancora oggi raggiungere i miei obiettivi e alzare costantemente i miei standard.

Non esiste la bacchetta magica, né una strada facile e veloce, ma oggi puoi apprendere una lezione davvero importante: devi essere capace di formare nella tua testa i pensieri giusti e andare a prenderti quello che desideri, senza se e senza ma, proteggendoti dal tuo stesso lato negativo che hai intrinseco dentro di te, come lo abbiamo noi tutti.

Già, perché dentro di noi abbiamo quell'aspetto di luce che ci permette di migliorare, evolverci, sognare e realizzare una vita favolosa, ma anche… L'ombra che ci vuol far tornare a tutti i costi verso l'indigenza, la scarsità e la pochezza.

Quindi, non è apprendere quel 10% di nozioni di come far soldi e di come funziona il denaro che ti darà la svolta. Bensì capire, al contrario, quel 90% della propria mente: è questa la prova da superare e la sfida da vincere.

Perché una volta compreso questo tu avrai fatto Jackpot in tutto. Fatto il 90% ti basterà acquistare un corso (colmando quel 10% rimanente) e partire. E il risultato sarà assicurato, ma dovrai prenderti la responsabilità di colmare quel gap che c'è tra te e l'obiettivo che ti sei dato.

Sarà il tuo atteggiamento che farà la differenza: quando non ti prendi la responsabilità delle tue azioni ti illudi pensando di poter agire in modo irresponsabile, perché tanto non affronterai le conseguenze di ciò che farai.

Ti rifiuti di guardare in faccia la verità e incolpi gli altri dei tuoi insuccessi o del motivo per il quale ancora non hai comprato quel corso o messo in pratica quelle nozioni che sai.

Questo ti porterà ad essere infelice per sempre, perché stai dichiarando e ammettendo che la vita può fare quello che vuole e che tu non hai nessun controllo su di essa.

Guarda negli occhi la tua oscurità e affrontala faccia a faccia: tu ora sai quello che non va bene.

Smettila di prenderti in giro e inizia a fare quello che deve essere fatto, anche se fa male ed è doloroso; non far finta di niente evitandolo o tentando di distrarti, ignorando le cose, spazzando la polvere sotto il tappeto.

La maggior parte delle persone si seda con abitudini malsane e convulsive. Giocare, bere, uscire, distrarsi, passare ore sui social, stare a letto fino a tardi e chi più ne ha più ne metta. Questo viene fatto per sfuggire il più tempo possibile dalle proprie responsabilità e per non uscire dalla zona di comfort, per dimenticarsi dei problemi e non affrontare mai il problema alla fonte.

Se non hai chiarezza dentro di te non intraprenderai mai azioni consone che ti porteranno ai risultati che desideri: è un continuare a brancolare nel vuoto.

Se permetti alle forze negative di essere più forti delle positive… sei finito! Anche se sono le più facili da perseguire, lo so bene.

Per ogni azione c'è una reazione uguale e contraria: per ciascuna che compi intelligentemente apporti un livello più alto, all'opposto per tutte quelle "stupide" lo abbasserai inevitabilmente.

Non si può imbrogliare al gioco della vita: il rapporto causa effetto è valido per tutti. Per la maggior parte delle persone si comporta come se per loro questa legge non si applicasse. Incolpano la politica, incolpano i genitori, incolpano i figli, la propria moglie, la crisi economica, il virus…

Cercano il colpevole dei loro insuccessi in ogni luogo tranne che nello specchio. La verità è che la loro situazione altro non è che il risultato di un'equazione composta da azioni stupide e azioni intelligenti del loro passato. Tu non sei così, forse lo sei stato, ma ora non lo sei più. So che vuoi migliorarti o mi avresti già mandato al diavolo e avresti buttato nel fuoco questo stupido libro.

Sto condividendo queste informazioni proprio per te, per aiutarti. Perché so che puoi davvero essere nell'1% e so che posso aiutarti a farti prendere il volo. Non c'è cosa che mi dà più gioia, è semplicemente la mia missione di vita.

Se non investi in te stesso nessuno investirà in te, se non prendi decisioni (che possono essere sia in positivo sia in negativo) sarai destinato a rimanere in quel limbo oscuro.

Chi ha problemi nel business è perché ne ha nella propria persona: come affronti le piccole cose quotidiane, così di riflesso affronterai le grandi. Lo stesso approccio che avrai nel risolvere anche le cose più banali, lo utilizzerai per crearti la tua vita, nella sua interezza e nella sua totalità.

"Ma io sono fatto così!". Non è vero: si può cambiare tutto, niente è fisso in questo mondo, tutto è in evoluzione costante e continua. Prendere consapevolezza che puoi capovolgere completamente la tua vita, rivoltarla come un calzino è il più bel regalo che tu ti possa fare e che la vita possa farti.

Devi essere la persona che non sei mai stata, fare cose che non hai mai fatto. Solo così potrai ottenere risultati che non hai mai ottenuto: puoi davvero raggiungere l'eccellenza in ogni area della tua vita, a patto di metterti davvero in gioco.

Se vuoi essere un vincitore devi impegnarti in ogni aspetto: mente sana, corpo sano, fare esercizio, curare l'alimentazione, avere una casa pulita e ambiente pulito, selezionare relazioni sane, avere rispetto, congruenza ed etica.

Alza una volta per tutte il livello della tua autostima e fai luce su quelle zone d'ombra.

Spesso ci sforziamo più di non perdere rispetto al vincere. Siamo più motivati dalla perdita che dal guadagno, finendo così per accontentarci. Affrontare il lato oscuro permette di smetterla di fuggire dalle tue ombre, paure e crisi e far emergere la verità che in fondo sai di dovere e voler vivere. Quando te lo permetterai sul serio, vedrai sparire tutte le insicurezze e le paure.

Se non affronti la verità ti si ritorcerà contro in ogni cosa, in ogni ambito: la qualità della tua vita è direttamente proporzionale a quanto sei disposto ad affrontarla.

Magari queste cose ti sembrano fuori luogo e disconnesse dalla vendita online, ma se ho deciso di investire un intero capitolo per questi argomenti è perché ti assicuro che il successo dipenderà anche da questi.

Lo so, può sembrare controintuitivo, ma devi assolutamente eliminare quella parte "oscura" che ti porta all'autosabotaggio e all'autodistruzione, perché sono questi a tenerti legato a una vita ordinaria e limitata.

Il primo modo per cambiare le cose è prendere coscienza con chiarezza e umiltà. La vita sembra spesso fuori controllo e caotica, ma in realtà segue degli schemi ben specifici.

Devi comprendere e alzare i tuoi standard personali, i tuoi termostati mentali. La ripetizione e il ragionamento, facendo un lavoro d'introspezione, servono a portare da inconscio a conscio il perché ci comportiamo in un determinato modo e come cambiare registro.

Ricorda che il tuo cervello ti saboterà costantemente per farti tornare al punto di partenza. Devi ricalibrare il tuo punto di minimo e massimo perché questi identificheranno i tuoi standard ed essi determineranno il tuo standard.

La tua vita diventerà e assumerà la media tra questi due punti. Perché più dell'80% delle persone dichiara di essere infelice? Perché fondamentalmente non sa cosa esattamente vuole, non ha fissato i suoi valori e i suoi standard e gli sembra di vivere una vita senza averne il controllo.

Vive la vita in maniera passiva: tutto gli accade e loro sono impotenti davanti al mondo che li circonda.

Se fai quello che fanno tutti, se pensi come pensano tutti, se segui la massa otterrai i risultati che ottengo tutti, ossia gli stessi che portano queste 87 persone su 100 all'infelicità e all'insoddisfazione.

Il sistema stesso non vuole che tu vinca, la nostra società supporta e incoraggia, soprattutto in Italia, il "volare basso", perché la ricchezza o la cultura (specie finanziaria) non è accettata.

Chi segue i "luoghi comuni" e ti dà contro, lo fa perché ammettere la tua vittoria, significherebbe per lui ammettere di aver avuto sempre torto, di avere perso. E chi vorrebbe ammettere questo? Preferiscono mettere la testa sotto la sabbia, piuttosto che guardare in faccia una realtà scomoda.

Ti basti pensare al 99% dei programmi televisivi, dei telegiornali o delle trasmissioni radio. Non hanno alcuno spessore, nessuna fonte di ispirazione che possa motivarti ad essere migliore o a creare qualcosa di significativo per la società. Pensiamo ai cine panettone per esempio o a tutti i programmi demenziali con i quali veniamo bombardati in ogni format.

L'unico valore che emerge è la mediocrità e l'accettazione di valere poco o nulla, demonizzando in secondo luogo colui che è colto o saggio.

Sono basati solo per creare *rapport* con l'italiano medio, che non lo si vuole con abbondanza finanziaria, né con una testa pensante in grado di creare successo e appagamento. Il coraggio non è di certo incoraggiato!

Devi abituarti fin da adesso a essere quell'1% che vince e che pretende di giungere in cima alla montagna, andando contro e lasciando alle spalle tutta la massa. Questo ci tengo a sottolinearlo perché durante il tuo personale processo di evoluzione molti proveranno a ostacolarti e a demoralizzarti.

Nel mio corso ho due lezioni dedicate a questo argomento al fine di proteggerti da queste situazioni nefaste.

Le persone che ti amano faranno così perché ti vogliono proteggere dal dolore. Loro non capiscono cosa stai facendo e tenteranno di ostacolarti per tornare sul sentiero battuto. Altri invece ti odieranno e proveranno a demoralizzarti in ogni modo perché sei lontano dai loro mondi e schemi mentali imposti.

E in particolar modo sanno di non avere il coraggio di provarci come te, quindi proveranno a metterti i bastoni fra le ruote e coveranno rancore nei tuoi confronti.

Se pensi che tu ne sarai esente, smetti di illuderti. Ti consiglio di trovare rapidamente il "diserbante" giusto per eliminare questa categoria di persone dalla tua vita e allontanarle il più possibile. Sarà doloroso con alcune persone ma affronterai la realtà di chi veramente ti vuole bene e crede in te e di chi invece ti voleva mediocre per non sentirsi a sua volta un fallito.

Dan Kennedy una volta raccontò una storia in un suo comizio a Cleveland (Ohio) e ci tengo a riportartela dal momento che ritengo sia emblematica in questa circostanza per farti capire cosa intendo esattamente.

Un cliente di Dan un giorno vinse alla lotteria. Era una vincita milionaria, non ricordo precisamente la cifra ma sicuramente oltre i 10 milioni di dollari e, per la cronaca, la vicenda è ambientata nella prima metà degli anni '90.

Dal momento che Carl, così chiameremo questo personaggio di cui non è dato sapere il nome, non si fidava delle persone che aveva intorno, decise di chiedere aiuto all'unico amico milionario che conosceva: Dan.

La prima cosa che gli disse Dan fu: "Seleziona chi sono le persone che vorrebbero solo i tuoi soldi, quando scopriranno che sei diventato ricco, da quelle che davvero tengono a te. La prima regola che dovrai seguire è: mantieni il segreto della vincita e non dirlo ad anima viva.

In secondo luogo, scrivi chi sono le persone che hai intorno (anche, e soprattutto, i famigliari) e tutti quelli che potrebbero chiedere i tuoi soldi quando sapranno che sei ricco. Ora, l'esercizio che dovrai fare sarà molto semplice: chiama uno a uno tutta la lista che hai stilato, di' loro che ti servono 1.000$ entro 24 ore, che è questione davvero di vita o di morte ma che per ora non puoi dirgli nulla a riguardo".

Carl chiese a Dan perché mai avrebbe dovuto fare una cosa simile, del resto era ricco.

Dan gli rispose che la maggior parte delle persone che risponderà a quella telefonata inventerà scuse per non dargli i soldi. Questo selezionerà automaticamente le persone "giuste" da quelle sbagliate. Inoltre, limiterà non poco le richieste di soldi dagli stessi che hanno inventato scuse quando tu ne avevi bisogno, facendo leva sul senso di colpa che li affliggerà.

Questo è solo uno dei modi per allontanarli, l'importante è che il taglio sia netto e deciso.

Lascia perdere anche i "secondo me..." della gente, le opinioni basate sul "sentito dire" e sul "ma tutti lo sanno che...". Non sanno proprio un bel niente nel 99.999% dei casi. Non dargli peso se non hanno dimostrato in maniera reale di avere assoluta competenza su quell'argomento.

Oggi, chiunque è tuttologo o leone da tastiera, pronto a giudicare, a esprimere giudizi e a sparare sentenze senza nemmeno mai aver provato nulla.

Io stesso vivo con questa condizione ogni giorno. La verità è che più sali la scala del successo, più persone vorranno attaccarsi a te. Nel mio caso per esempio ci sono persone che vogliono attribuirsi il merito del mio successo nella vendita su Amazon.

All'inizio mi arrabbiavo, ora le compatisco. Sono semplicemente dei falliti che strumentalizzano cose false pur di truffare le persone vendendo qualche corso in più usando la mia immagine. Non mi toccano più certe cose a livello emotivo, oggi di queste vicende se ne occupano i miei avvocati.

Un tempo ci stavo male per queste falsità, lo ammetto. Ho da subito dichiarato da chi studiavo la vendita su Amazon, non ho mai mentito su nulla, tant'è che sono l'unico formatore in Italia ad aver mostrato i risultati con le dashboard.

Come ho detto chiaramente, ho comprato ogni corso italiano

perché non ho mai avuto la presunzione di essere perfetto. Alcuni si approfittano di questa cosa ma del resto ognuno combatte con le armi che ha, giusto?

Quando avrai questi problemi fai questo esercizio: osserva la loro condizione di vita. Non che tu debba farlo dall'alto verso il basso, ma ti serve proprio per pesare il giudizio di chi fa fatica ad arrivare a fine mese e tratta di libertà finanziaria, chi trascorre il suo tempo a perderlo in attività inutili e discute di argomenti fuori dalla sua portata, chi non legge o non studia, chi è circondato da "amici" come lui, chi a 50/60 anni è ancora schiavo e nella ruota del criceto e attacca giovani che hanno più successo di lui.

Se hanno avuto esperienze reali allora ascoltali, ben venga. Accertati solamente che abbiano davvero ottenuto risultati comprovati a supporto di quello che sostengono. La maggior parte millanta cose inesistenti.

Non ascoltare le storie che ti raccontano come scusa per non farti agire e rimanere al loro stesso livello: è qui che risiede il successo, il non arrendersi e il camminare da solo. Loro vogliono che tu viva nella disperazione, perché questo gli permette di continuare a dare supporto all'autogiustificazione che si creano quotidianamente per validare la tesi che la colpa dei loro risultati è esterna e non interna. Sono vittime di se stessi e bloccati nei loro pensieri e non accetteranno mai la verità.

Il 99% delle persone ha paura, solo l'1% ha il coraggio di affrontare la sua stessa oscurità e mettersi contro anche quella di queste persone appartenenti al 99%.

Ti diranno anche che sei cambiato e non sei più quello "di una volta": ben venga questo, non c'è vita, non vi è successo né prosperità senza evoluzione. Ogni volta che mi viene mossa questa osservazione rispondo: "Grazie a Dio che non sono più quello di quindici anni fa!

Sono cambiato, sono cresciuto e mi sono migliorato. Dispiace dover constatare che tu invece sei lo stesso e non sei cambiato di una virgola!".

Trova quell'1% di persone come te, con cui riesci a comunicare e che vedono il mondo con la tua nuova visione. Probabilmente non saranno vicino a casa tua.

Ad esempio, li potrai incontrare negli eventi formativi. Al Wake Up Call, dove ho conosciuto Alfio, c'è un insieme di persone che non hanno paura dei soldi o di parlare di business, che cercano soluzioni sul come espandersi, trovare dei finanziatori o collaboratori sulla stessa lunghezza d'onda di pensiero.

I corsi non sono solo fatti per la formazione in sé, ma li puoi sfruttare per fare pubbliche relazioni, condividere idee e concetti e avere degli scambi produttivi. È un'ottima fonte per comunicare e riunirsi, crescere insieme e influenzarsi positivamente.

Il tuo successo è strettamente collegato alla qualità della tua rubrica telefonica. Il network è una delle attività più importanti nell'imprenditoria.

Non essere timido quindi e non avere paura. Tutti sono disposti ad ascoltarti, mettiti in gioco raccontando i tuoi progetti a più persone possibili, nessuno ti "ruberà" l'idea. Un'idea senza una buona realizzazione rimane una cosa senza valore.

Lanciati nel mondo e vedrai palesarsi sotti i tuoi occhi opportunità incredibili, coincidenze e "magie" mai nemmeno immaginate fino a quel momento.

Non mollare nemmeno di un centimetro. Tutti agiscono con un pilota automatico: ora che sai della sua esistenza e puoi impostarlo, fallo, mettilo in direzione di quello che davvero ambisci.

Quelli dell'1% sono contenti dei successi altrui, anzi ne prendono ispirazione e sanno che il successo è solo la punta dell'iceberg a fronte di molti sacrifici.

L'1% ha fallito più e più volte, non ne ha paura: per loro è un insegnamento e non un'ulteriore scusa per mollare ed essere invidioso di chi è affermato; sa che fa parte del processo di apprendimento. Se hai il giusto mindset non puoi mai fallire: o vinci o impari.

Chi non fa, non sbaglia: a questo punto chiediti: vuoi essere felice o avere ragione?

Capitolo 3:
I 5 Passi per Vendere su Amazon

La vendita su Amazon è un business super profittevole che è basato su una regola aurea molto semplice: trovare prodotti profittevoli per i quali c'è una reale richiesta o esigenza di mercato e posizionarli nei vari marketplace (europei e mondiali).

Tutto questo, ovviamente, sfruttando i magazzini che Amazon ha in tutto il mondo e beneficiando della loro logistica che si occuperà di spedire i nostri prodotti senza necessitare del nostro intervento o del nostro aiuto.

Amazon ha, in tutti questi anni, creato un ecosistema per agevolare e permettere agli imprenditori di monetizzare rapidamente utilizzando questo metodo. Non hai necessità né di reinventare la ruota, né di costruire nessuna procedura daccapo.

Sono già tutte pronte all'uso, testate e la loro validità è dimostrata ampiamente non solo da me e dal mio team ma da migliaia e migliaia di venditori indipendenti in ogni parte del globo. L'unica cosa che devi fare è salire sulla giostra e massimizzare ogni azione, poi replicarla… all'infinito!

Affidandoci a una realtà come quella di Amazon, che ti ricordo essere l'azienda più capitalizzata mai creata, che genera i fatturati più redditizi al mondo e che ha una velocità di crescita ed espansione mai viste prima, i nostri costi sono davvero ridotti all'osso.

Proviamo solo a immaginare il costo che dovremmo sostenere se non ci affidassimo ad Amazon, per costruire le condizioni, partendo da zero con il nostro negozio online, che già ci sono regalate.

Parliamo di magazzini in tutto il mondo, un sistema logistico da creare, coordinare e gestire, un nostro e-commerce nel quale milioni e milioni di clienti ogni giorno fanno visita…

Insomma, viene da sé che sarebbe inimmaginabile anche solo

pensare di poter competere per metà. Amazon ha magazzini illimitati e risorse illimitate. Queste condizioni, di riflesso, favoriscono la nostra evoluzione e la nostra crescita: non ha problemi né di spazio, né di personale e inoltre garantisce una cura e un'attenzione verso il cliente a dir poco esemplare.

Vediamo assieme i 5 passi che dovrai fare per vendere su Amazon con successo:

- Analizzare il mercato.
- Ricercare una fabbrica.
- Spedire la merce a un magazzino Amazon.
- Caricare i prodotti sulla tua pagina venditore.
- Incassare ogni due settimane e ricominciare da capo questo processo.

Vediamoli uno a uno nello specifico.

Passo numero 1: Analizzare il mercato.
Il nostro scopo in questo primissimo passo sarà quello di identificare un prodotto profittevole. Cosa vuol dire? Il prodotto deve innanzitutto rispecchiare determinate caratteristiche che

analizzeremo nel dettaglio, successivamente deve esserci una domanda manifesta da parte del mercato in analisi e una scarsa concorrenza.

So cosa pensi, so che stai pensando: "La fai facile! E come diavolo faccio a capire tutte queste cose?". Stai sereno, questo libro ti aiuterà come promesso, devi avere pazienza.

Perché ti dico che non devi preoccuparti? Molto semplice, perché abbiamo tutte le armi e gli strumenti per fare questo in maniera assolutamente automatica.

Infatti, in questo primo passo non solo ti dirò alcune caratteristiche del prodotto perfetto da vendere sul mercato, bensì ti darò anche le soluzioni per fare in modo che l'analisi del mercato avvenga in modo completamente automatico.

Il prodotto perfetto abbiamo detto che deve avere determinate caratteristiche, andiamo ora a conoscerne qualcuna.

1) Deve avere un prezzo di vendita compreso tra i 12 e i 30 euro.

Questo perché solitamente non c'è resistenza nell'acquisto di articoli con prezzi compresi in questa fascia. In questa fascia di prezzo infatti avvengono i cosiddetti "acquisti di impulso". Noi vogliamo che il nostro cliente acquisti il nostro prodotto mosso dalle emozioni e senza troppi pensieri o comparazioni.

2) Deve essere leggero e poco ingombrante.

Prediligiamo prodotti che pesano meno di mezzo kilo, possibilmente che si possano inserire in una scatola da scarpe. Questo per ridurre al minimo i costi delle spedizioni.

3) Meglio se è un oggetto che si consuma facilmente.

Perché questo è un requisito molto allettante? Perché porterà il nostro cliente a fare un acquisto ripetuto e il suo *lifetime value* aumenterà con l'aumentare del tempo. Il *lifetime value* è semplicemente quanti soldi spende il nostro cliente con noi nel corso della sua vita.

Per questo motivo, quando possibile, è meglio mettere il nostro cliente a "retainer" (ovvero fargli fare acquisti ripetuti, più e più volte). Se vendiamo incenso, per esempio, noi sappiamo con estrema certezza che dal momento che lo utilizza il nostro cliente avrà sempre meno incenso a sua disposizione. Se il profumo era gradevole ed è rimasto soddisfatto dell'acquisto lo ricomprerà da noi, e il suo *lifetime value* per noi sarà aumentato.

Questo discorso potremmo farlo in egual misura qualora vendessimo due oggetti: un diffusore per ambienti e le sue ricariche annesse. Se il cliente percepisse che solo le nostre ricariche sono compatibili con quel modello di diffusore se gli si instillasse il dubbio che se provasse a cambiare "marca" potrebbe danneggiare il diffusore stesso, sicuramente continuerà a comprare le ricariche dal nostro negozio.

4) Meglio se il nostro prodotto sia legato a doppia mandata a delle emozioni. Vendere prodotti che abbiano una correlazione diretta con le emozioni fa veramente una differenza abissale.

Prodotti che risolvono problemi o li prevengono, questo non fa alcuna differenza, nella nicchia Prima infanzia o Animali sono sicuramente una carta vincente. Al target di cliente che probabilmente cercherà quel prodotto non interesserà particolarmente il prezzo. Quasi certamente sta cercando in preda all'ansia, vuole risolvere il problema o vuole prevenirlo a ogni costo. Ecco che qua tu verrai in suo aiuto.

Le persone tendono a spendere molto di più per i loro figli o per i loro animali rispetto a qualunque altra cosa. Pensa a una madre che vuole prendere un seggiolino per il proprio bimbo appena nato.

Sicuramente non penserà a risparmiare qualche euro mettendo magari a rischio la vita del figlio per aver comprato un prodotto scadente che potrebbe farlo cadere a terra. Tenderà a ricercare il meglio, vuole sicurezza e qualità… E tu le dirai esattamente questo.

Ovviamente consiglio in questo caso specifico di curare molto attentamente il tuo prodotto perché dovrai assicurarti che le tue parole abbiano poi un riscontro con la realtà.

Non entro nel merito della qualità dei tuoi prodotti, il mio scopo è insegnare a vendere tanto. Mi affido poi al tuo buon senso nel portare sul mercato prodotti sicuri e di valore che possano migliorare la vita delle persone in senso ampio.

Tuttavia, mi duole ammettere che le tecniche di vendita che insegno nel mio video-corso sono strategie che potrebbero essere applicate con successo anche per vendere prodotti scadenti o non conformi. Sono tecniche molto potenti che persuadono il cliente ad acquistare e a fidarsi di noi immediatamente.

Grazie a quello che imparerai, diventerai un maestro nel "toccare" dei bias cognitivi e delle leve emozionali che "hackereranno" le difese della mente del nostro cliente. Non mi prendo la responsabilità di come queste tecniche verranno utilizzate da te ma mi affido al tuo buon senso e ti invito caldamente, come ho detto, a lavorare in modo etico e professionale.

Se dovessimo, io o il mio team, scoprire che stai utilizzando le tecniche imparate per promuovere prodotti pericolosi o che possano fare danni a terzi, non ci penserò due volte a sbatterti fuori dal corso senza diritto di replica. Sono duro, lo so, ma non transigo sull'etica. Forzare la vendita va bene, colorire la realtà anche, ma non deve essere fatto per creare danno in modo volontario o superficiale.

5) Dovremo avere un margine superiore al 40%.
Dovremo calcolare prima di portare sul mercato il nostro prodotto quanto è il nostro margine operativo lordo vendendo a prezzo di mercato. È vero che ti insegnerò a vendere a un prezzo più alto rispetto alla concorrenza, ma in questa fase di analisi dovremo calcolare il prezzo medio di mercato.

La nostra visione è sempre conservativa per proteggere al massimo il tuo investimento, piccolo o grosso che sia non fa differenza. Il mio intero metodo è basato sul proteggere i soldi e moltiplicarli, in questo preciso ordine.

Per calcolare quindi il nostro margine sommeremo il costo del prodotto + la spedizione (divisa per la quantità di merci che avremo ordinato) + le commissioni di Amazon.

Sembra complicato? È vero, un pochino sì. I nostri studenti hanno a disposizione infatti un foglio Excel con tutte le formule già create che ho ideato io per loro. Devono semplicemente inserire i dati generali e in meno di 15 secondi hanno a disposizione il loro margine operativo.

"Ok, ma il punto è un altro: come analizzo il mercato?" Come promesso ora ti dirò esattamente come fare. Non mi sono assolutamente dimenticato di questo passaggio.

Ti farà piacere sapere che non dovrai intenderti di matematica per farlo. Non dovrai avere una laurea in economia e nemmeno un diploma, in realtà potrebbe farlo anche un bambino delle elementari mediamente sveglio.

Questo perché ci sono degli strumenti e degli algoritmi online che faranno tutta la fatica al posto tuo e che diventeranno i tuoi migliori amici in questo business.

No, non è un sogno, è la verità. Questi strumenti ti permettono di automatizzare davvero tantissimi aspetti. Immaginali come se fossero i tuoi geni della lampada di Amazon. Proprio così, prova a immaginare di chiedere al tuo genio di aiutarti a trovare il tuo prodotto perfetto.

Cosa gli chiederesti? Magari gli chiederesti in quale nicchia lo vorresti trovare (Prima infanzia per esempio), forse gli chiederesti anche di cercarti un prodotto che sia nella fascia di prezzo compresa tra i 12 e i 30 euro come ti ho consigliato io e gli chiederesti, forse, dopo aver letto questo libro, di trovarti un prodotto che sia meno pesante di 500g e che sia piccolo (che stia in una scatola da scarpe per esempio).

Ma dato che è un genio, potresti voler esagerare. Alla fine questo genio non ti ha mai detto che avevi solo 3 desideri da esprimere no? Quindi perché non esagerare?! Diamo sfogo all'immaginazione, cosa gli chiederesti ancora?

Potresti chiedergli di trovarti un prodotto che, oltre a tutte le caratteristiche che già gli hai chiesto, abbia poca concorrenza. E magari che la concorrenza abbia tante recensioni negative, così che potrebbe essere più facile per te entrare sul mercato e spazzare via i rami secchi.

Ma potresti chiedere ancora di più in realtà. Potresti chiedergli di darti dei prodotti che, con quelle condizioni, fatturino più di 10.000€ al mese, o 15.000… Perché no?!

Ti sembra una bella favola vero? Invece è realtà. Si chiama Helium10 questo software. Questa è solo una piccolissima parte di come funziona questo incredibile programma.

La funzione che ti ho appena descritto non è che il 10% di tutto quello che puoi fare con questo algoritmo. Perdonami se non te la spiego interamente ma ti assicuro che sarebbe impossibile in un libro.

Non ci credi? Ho dedicato un intero modulo che potrebbe essere tranquillamente venduto come video-corso singolo ad almeno 500€, che ho deciso di regalare ai nostri studenti. Sono 15 lezioni pratiche dove spiego *step by step* ogni singola funzionalità e come utilizzarla al meglio nella pratica.

Dovrei scrivere un libro solo su Helium10 per poterlo spiegare in modo approfondito e comunque, senza un supporto video, sarebbe davvero complesso.

Da anni sono diventato partner con loro per l'incredibile lavoro che ci permettono di fare. Questo ha portato enormi vantaggi sia alla mia azienda (per le informazioni interne) sia ai nostri studenti che non solo beneficiano degli sconti mensili grazie alla nostra collaborazione ma anche aggiornamenti costanti gratis in italiano su come utilizzarlo al meglio.

In questa fase di analisi di mercato e ricerca prodotto ci tengo a farti una raccomandazione che ti salverà la vita se l'ascolterai e che ti farà cadere in errore se la ignorerai.

Non innamorarti del tuo prodotto e non sceglierlo in base a gusti personali, consigli di amici e parenti o "idee".

Il primo è uno degli errori più frequenti che ho sentito. La fase dell'innamoramento è una fase felice, dove tutto va a gonfie vele e sci pronto per fare l'ordine. Ma, in quel momento, controlli come sta andando il mercato ora. Scopri che non funziona più quel prodotto. Perché? Come è possibile? Non hai seguito le regole.

Devi monitorare il mercato per qualche settimana e analizzare l'andamento nei mesi precedenti per avere dati necessari per fare un pronostico.

Molti non fanno questa cosa. Vedono un prodotto e "boom", colpo di fulmine. Si innamorano del prodotto, legano i loro sentimenti a quello che diventerà il loro figlio, al quale daranno un nome e glielo scriveranno sopra.

Dedicheranno del tempo al "bambino" senza più curarsi del mercato o di qualunque altra cosa.

Questo è un errore davvero grave ed è da incoscienti. Dovrai staccare le emozioni da quel prodotto, non sarà facile non amarlo. Sarà terribilmente difficile se, Dio non voglia, dovrai abbandonarlo.

Ti invito a rispettare le regole di questo mondo e di giocare seguendo passo passo quello che ti dirò. Così vincerai, così la tua creazione avrà lunga vita e prospererà nel mondo di Amazon... E non solo.

L'altro errore molto comune è bypassare la fase di ricerca prodotto nella sua interezza perché l'amico, il cugino, la mamma, la nonna o la zia, ti ha detto che il prodotto "x" spaccherà sicuramente.

Devi accettare che, a meno che l'amico, la nonna o la zia di turno non siano degli esperti guru della vendita online su Amazon, il loro parere non conta nulla. Non è per screditare loro ma dovrai convincerti che se ci sono le regole vanno rispettate.

Dover cercare il prodotto secondo le linee guida che ti saranno trasmesse da me e ragionare da imprenditori con analisi e numeri alla mano. I numeri non mentono mai, le idee spesso sì.

Non basarti mai sul presupposto "secondo me...". "Secondo me" è sbagliato, non ha dati a supporto, è un'idea e le idee non ci servono ora in questo momento. Ora abbiamo bisogno di numeri e di prospettive di crescita. Non dobbiamo inventarci nulla, il prodotto perfetto è lì ad aspettarci ma lo troveremo solamente se saremo disposti a seguire le tecniche corrette.

Le opinioni nei business stanno a zero. Solo i numeri, le analisi e la matematica contano davvero e solo con le *skills* analitiche di questi ultimi puoi raggiungere il risultato che desideri e realizzare i tuoi sogni.

Passo numero 2: Ricercare una fabbrica.
Trovata una nicchia e un prodotto profittevole, quello che dovremo fare è molto semplice. Lo scoglio più difficile lo avremo già superato. Ora i prossimi step saranno tutti in discesa libera.

Quello che dovremo fare ora è ricercare una fabbrica che possa produrre il nostro prodotto a un costo basso mantenendo la qualità. Sembra difficile? Questo sarà un gioco da ragazzi se seguirai le direttive che ti daremo.

In questa fase ci sono 4 giocatori: tu, Jack Ma, la fabbrica che produrrà il tuo prodotto e gli spedizionieri.

Per rendere le cose facili andremo ad analizzare e scomporre ogni singolo passaggio. All'inizio, se è la tua prima esperienza in ambito di commercio online, ti consiglio di rivolgerti ai mercati cinesi.

Il vantaggio è duplice: in primo luogo le fabbriche cinesi sono molto facili da trovare, in secondo luogo sono già abituati a commerciare con l'Europa. Senza dimenticare che nella stessa fabbrica possiamo anche vedere tutti i prodotti e modelli che quella fabbrica può offrirci.

La piattaforma principale per fare questo è *Alibaba.com*. Alibaba Group, per chi non lo sapesse, è una multinazionale cinese privata composta da una serie di società attive nel campo del commercio elettronico.

Il gruppo opera principalmente in Cina e ha una valutazione stimata tra i 55 e 120 miliardi di dollari (nel momento in cui stai leggendo queste righe sicuramente la capitalizzazione sarà aumentata).

La società è stata fondata dall'imprenditore Jack Ma nel 1999 con il nome di *Alibaba.com*, un servizio commerciale con lo scopo di connettere produttori cinesi con acquirenti e distributori stranieri: è come se fosse un social che intercetta la domanda di tutto il mondo e gli pone davanti l'offerta cinese alla stessa qualità ma a prezzi decisamente bassi.

Sei un amante delle curiosità? Benissimo, allora ti racconterò una breve storia sul perché di questo nome bizzarro. Il nome Alibaba è stato pensato da Jack Ma ispirandosi alla raccolta di fiabe *Le Mille e una Notte*, una famosissima collana di storie in cui appare proprio Alì Babà.

Quest'ultimo, infatti, con il notorio comando *"Apriti sesamo"*, riusciva ad aprire le porte nascoste nelle quali poi collezionava tesori inestimabili. Così come Alì Babà, Jack Ma, con la sua creazione voleva che, con un semplice click, tutti potessero scoprire i tesori che si celavano all'interno del suo ecommerce.

"Ma è dall'altra parte del mondo, come faccio a conoscere la serietà e la veridicità dello stabilimento?" Niente di più facile. Ovviamente Alibaba tiene alla propria reputazione ed è disposta a preservarla a ogni costo, infatti all'interno del sito ci permette di filtrare le aziende che lei stessa ha verificato e certificato come vere e ottime fabbriche con le quali entrare in contatto.

Ci sono anche dei video che ne dimostrano l'esistenza, come lavorano e come operano. Ovviamente noi come venditori abbiamo un *iter* da seguire per ricercare solamente le fabbriche che abbiano già uno storico importante e che abbiano un ottimo ranking per tutelarci.

Sono anni che porto avanti questo modello di business e ho seguito centinaia e centinaia di studenti che si sono approvvigionati da tutto il mondo, non ho mai riscontrato alcun problema né con Alibaba, né con le fabbriche. Posso garantire con tutta onestà che Alibaba a oggi è la migliore opzione, più sicura e più trasparente.

Oltre a questi filtraggi che possiamo andare a inserire all'interno della piattaforma, abbiamo anche l'opportunità di essere a conoscenza del volume d'affari che la fabbrica muove tramite Alibaba annualmente. Questo ci dà un dato fondamentale per capire la serietà e le dimensioni dell'azienda in questione, oltre che l'esperienza in commercio internazionale.

Avere la possibilità di lavorare solo con queste aziende ti eviterà problemi, perdite di tempo e dispersione di soldi. Il 99.9% delle fabbriche presenti con queste caratteristiche sono già in possesso delle certificazioni necessarie per le importazioni europee, dei test di conformità dei documenti necessari in fase di sdoganamento. Potranno loro stessi aiutarti a importare la merce senza alcun rischio, ma di questo parleremo successivamente.

Ti farà sicuramente piacere sapere che Alibaba ti dà la possibilità di selezionare anche l'opzione *"Trade Assurance"*. Cosa vuol dire questa parola difficile? Molto semplicemente è un'assicurazione gratuita sul valore della tua merce.

Non ho mai sentito nessuno che ne avesse avuto bisogno ma comunque fa sempre dormire sonni più tranquilli sapere che se la merce non è conforme verrai rimborsato interamente della cifra che hai investito.

Ti consiglio quindi vivamente di optare per quelle che lavorano con questo sistema, in quanto stipulando un contratto assicurativo in cui si evince cosa si sta ordinando in ogni dettaglio, se dovesse nascere qualche problema, Alibaba stesso risponderebbe dell'inconveniente.

In parole povere: se ti dovesse arrivare merce non conforme ai tuoi standard o requisiti, Alibaba stesso ti ridarà indietro i soldi spesi. Non male direi.

"Ma se io volessi cercare la merce al di fuori di Alibaba?". Ovviamente puoi!

Potresti farlo per esempio partecipando a fiere, cercando su Google fabbriche più o meno vicine a te o perfino cercando altri fornitori europei. Puoi cercare aziende specializzate nel Made in Italy, che peraltro potrebbe essere una differenziazione molto efficace.

Questo ti permetterebbe di comunicarlo in fase di annuncio con la bandiera italiana sulle foto del prodotto per esempio e usarla come strategia per vendere quel prodotto in tutta Europa. Chi non vorrebbe un prodotto Made in Italy?! Giù la maschera, tutti lo prediligono e sarebbero disposti anche a pagarlo qualcosa di più rispetto a un prodotto cinese.

Questo vuol dire che il prodotto Made in Italy è di maggior qualità rispetto a un prodotto cinese? Assolutamente no. Non c'è alcuna correlazione tra queste due cose anche se è nell'immaginario collettivo.

La verità è che noi, come venditori, dobbiamo utilizzare i bias cognitivi dei nostri clienti "contro di loro" per giustificare prezzi più alti in virtù del fatto che quel prodotto è percepito con un valore di mercato più alto.

Se ci pensiamo chiunque abbia un iPhone, o un televisore Samsung, o l'ultimo MacBook Pro, o alcuni prestigiosissimi e costosissimi capi d'abbigliamento dei migliori brand d'alta moda dovrebbe accettare la realtà. Trattasi in ogni caso di produzione cinese.

Quindi l'iPhone non è un buon telefono? Lo definireste nel gergo popolare "una cinesata"? Io non credo proprio. Ma Apple sapeva di questo bias cognitivo quindi sul retro non troverai scritto "Made in China", troppo mainstream, troverai scritto "Assembled in China" ovvero "Assemblato in Cina".

Ma questa non è l'unica cosa che leggerete. Perché la parola "China" ha un ancoraggio negativo nella mente delle persone. Infatti, come primissima cosa leggeremo: "Designed by Apple in California", solo dopo leggeremo il luogo dell'assemblaggio.

Ricordiamoci che il nostro ruolo è vendere più prodotti possibile, spendendo il meno possibile per la manodopera, vendendo al prezzo più alto possibile e marginando quanto più possibile.

Per farlo useremo ogni strategia di marketing possibile senza scrupoli (nel limite dell'etica che, come ti dicevo precedentemente, lascio a te definire e nella quale non entro in merito).

Passo numero 3: spedire la merce a un magazzino Amazon.

Dopo aver identificato il prodotto e contrattato con la fabbrica che lo produce definendo prezzi e differenziazioni, ora arriva il terzo passo che dobbiamo affrontare, ovvero importare la merce in un magazzino di Amazon.

Per questo passaggio dobbiamo valutare in primo luogo quanto pesa la merce e la quantità che stiamo trasportando. Perché questo? Perché dobbiamo capire se è più conveniente una spedizione via nave o via aerea.

L'aereo è in generale più dispendioso ma ci mette, di solito, 2 settimane per arrivare rispetto alla nave che è molto più economica ma impiega circa tre mesi.

La differenza di prezzo tra aereo e nave è come una forbice: più aumentano le quantità più la differenza impatta sul nostro margine netto.

Solitamente, per la mia esperienza e quella dei nostri studenti, come primo ordine "test" avremo poche unità da portare sul mercato proprio per evitare di prenderci rischi. Vogliamo testare il prodotto con poche unità, poi, se il mercato risponderà come ci aspettavamo, allora aumenteremo la quantità di unità da ordinare e da importare.

Quindi molto probabilmente la differenza di prezzo tra aereo e nave non si discosterà di tanto, anzi... Quasi sempre, come ti dicevo, si fa il primo ordine in modalità aerea così da sfruttare la velocità al fine di posizionarci il prima possibile sul mercato senza lasciare il tempo ai nostri competitor di metterci i bastoni fra le ruote.

La regola generale è che in aereo conviene quando hai spedizioni inferiori ai 200 chili e un solo metro cubo, quindi per merci piccole e leggere. Se vai oltre, il container navale è molto più indicato.

Dipende sempre, come abbiamo detto, da molti fattori che sono da prendere in considerazione e da valutare di volta in volta in base alle tue esigenze. La nave, data la sua lentezza, è consigliabile per importare grandi quantità di merci che hanno un peso molto elevato e che occupano molto spazio in termini di dimensioni dei cartoni.

Le variabili del costo della spedizione dipendono dal peso della merce, dal volume, dall'iva e dai dazi, proporzionali chiaramente al valore della merce.

Il periodo "più complesso" da gestire in fase di riordino o di importazione sono Natale e il Capodanno cinese. Dovrai considerare che le tue vendite esploderanno letteralmente. Certo, è un *happy problem*, ma dovrai essere pronto per non perdere la possibilità di guadagnare per tutto il mese di dicembre.

Per quanto riguarda il Capodanno cinese devi sapere che per loro è una festa molto importante e le fabbriche sono generalmente chiuse per 20 giorni, quindi dovrai considerare questo quando andrai a piazzare il tuo ordine.

"E se io mi approvvigionassi in Italia?" Al posto del Capodanno cinese, di cui certamente non dovrai preoccuparti, tu avrai un'altra festività ugualmente assurda: agosto!

Ad agosto non si sa perché ma l'Italia "muore". Possa cascare il mondo, l'Italia ad agosto non produce, le fabbriche chiudono e per 20/25 giorni dimenticati di poter parlare con un qualsiasi italiano di business. Dimenticalo. Sul fare affari con gli italiani ad agosto avrei davvero una quantità di storie assurde che potrei scriverci un libro di 450 pagine.

Non entrerò particolarmente nel merito dell'assurdità degli italiani che vanno in vacanza ad agosto ma se leggi questo libro mi sento in obbligo di darti tutti gli strumenti necessari affinché tu possa avere successo.

Detto questo sono obbligato a prendere la palla al balzo per chiarirti la visione mia e di tutti, e sottolineo: tutti gli imprenditori di successo che io abbia mai conosciuto. Nessuno va in vacanza ad agosto.

Il mondo non si cura dell'Italia e delle sue festività. Noi agiamo in ottica globale non provinciale. Devi capire che è proprio quando c'è il fermo generale che dovrai correre ancora più forte del solito per recuperare il gap tra te e i tuoi competitor o per incrementarlo nel caso fossi tu il leader di mercato.

Molti italiani vanno in vacanza ma non si capisce bene da cosa. L'economia va male? C'è una crisi? La tua azienda fa i salti mortali per restare in piedi e tu vai in vacanza?

Ti immagini Steve Jobs che ad agosto si dimentica di Apple per andare al mare? O Richard Branson che si dimentica di Virgin? Sii affamato, stai creando il tuo impero, la tua azienda, non dimenticarti perché lavori e perché lo fai.

Ricorda che con questo business potresti essere in vacanza tutto l'anno e potrai lavorare qualche ora al giorno da ogni parte del Mondo ma non mettere la tua azienda nel dimenticatoio. Devi volerle bene, sii responsabile ovviamente godendoti la vita ogni giorno facendo quello che ami.

Chiudendo la parentesi festività, torniamo a bomba sul nostro business. Le festività possono essere un'arma a doppio taglio, devi sempre essere in grado di prevedere le tue vendite così da poter organizzare i tuoi riordini. Fatti un ipotetico "piano" annuale in modo da non lasciare il tuo magazzino di Amazon vuoto mai.

Lo scopo è essere sempre presenti e non uscire mai fuori magazzino per non perdere l'opportunità di vendere ogni giorno a ogni ora.

Amazon stesso monitora questo aspetto ed è più propenso a dare maggiore visibilità a chi è bravo a gestire il magazzino. Per l'azienda di Bezos, non lasciare a bocca asciutta i clienti ha un valore molto importante, per questo nella nostra piattaforma principale, ovvero il Seller Central, sarà lo stesso algoritmo di Amazon ad aiutarci.

L'algoritmo infatti ci supporterà in una maniera incredibile dicendoci quando e quanto ordinare tenendo in considerazione lo storico e l'incremento generale delle vendite in un preciso momento dell'anno.

Per il nostro Natale, ad esempio, da fine settembre fino a Capodanno le vendite crescono in maniera esponenziale. Il tuo compito sarà quello di avere un'ottima disponibilità di magazzino soprattutto nel mese di dicembre: considera minimo il 30% in più rispetto ai mesi precedenti.

A gennaio poi si stabilizzerà, ma in quei mesi va tutto letteralmente fuori controllo, in termini positivi, ovviamente, per il nostro portafoglio.

Passo numero 4: caricare i prodotti sulla tua pagina venditore.

Ora che i tuoi prodotti sono arrivati nel magazzino Amazon, li devi vendere. Come? Creando gli annunci altamente differenziati, grazie al marketing, allo scopo di ottenere il massimo rendimento possibile.

Questa parte è essenziale al fine della vendita perché una volta attirati i clienti, devono avere la possibilità di capire le informazioni del prodotto e cosa stanno acquistando immediatamente. Non dobbiamo dar loro altra scelta se non quella di cliccare il tasto Acquista Subito.

Un elemento chiave è la differenziazione, come per ogni altro business, ma in particolar modo in questo dove ci sono tante immagini uguali, una sfilza di prodotti molto simili tra loro, dobbiamo obbligatoriamente colpire la loro attenzione e convincerli a comprare il nostro prodotto.

La skill per eccellenza che ci darà la possibilità di fare questo in modo semplice e veloce è diventare vere e proprie cinture nere di *copywriting*. Per chi non sapesse di cosa si tratta, è l'arte di sapere scrivere per vendere.

Tutti i pubblicitari più di successo al mondo sono degli incredibili copywriter ovvero riescono, mediante l'uso delle parole, a convincere i potenziali clienti a sviluppare nella loro mente un ancoraggio o una "voglia" di acquistare quel determinato prodotto.

Su Amazon è vero che l'utilizzo d'immagini che colpiscono è molto utile in una prima fase. Infatti, in mezzo a tanti prodotti il nostro obiettivo principale sarà quello di catturare l'attenzione e far cliccare il nostro prodotto rispetto a tutti gli altri.

Questo perché una volta che avranno cliccato sul nostro annuncio non vedranno più i nostri competitor, ma se abbiamo vinto la prima battaglia sicuramente non avremo ancora vinto la guerra.

Quando un potenziale cliente entra in una mia pagina prodotto o dentro una pagina prodotto di un nostro studente che ha applicato anche solo la metà delle tecniche che insegno all'interno del nostro video corso, non ha più scampo. Seriamente, non ci sono possibilità, se era interessato all'acquisto di quel prodotto, che lui esca per cercare altrove è quasi impossibile.

C'è un gioco di emozioni, di *call to action*, di tecniche di persuasione psicologica all'interno della descrizione che non può non comprare, perché quello che faccio è inserire all'interno del suo processo decisionale il mio prodotto come unica scelta, invalidando tutti i prodotti concorrenti.

Questi sono solo alcuni degli strumenti che puoi (e devi) utilizzare per ottimizzare al meglio ogni annuncio in modo che non sia soltanto bello da vedere o descrittivo del prodotto, bensì dovrà essere improntato esclusivamente alla vendita e alla monetizzazione.

Come si fa ad attirare l'attenzione e a creare tutto questo in due parole? Colpendo la tua nicchia con le parole che usano loro (quindi parlando il linguaggio del tuo cliente target), promettendo la soddisfazione totale dei loro bisogni, scatenando la loro emotività e offrendogli di più di quello che già si aspettavano.

Con l'uso delle parole e di foto attrattive hai il potere di colpire l'inconscio dell'ipotetico cliente, per "smuoverlo" a sceglierti e quindi a fargli compiere l'azione di pagarti.

Le immagini devono essere professionali, uniche e che rispecchino la realtà, al meglio. Spacciare un prodotto per qualcos'altro ti si ritorcerà contro con recensioni negative, ma venderlo con delle emozioni e instillando nelle mente del tuo potenziale cliente un preconcetto positivo sul tuo brand, sulla tua azienda e sul tuo prodotto inciderà tantissimo sulla sua soddisfazione.

Pochissimi acquirenti sono seguiti dopo l'acquisto, noi dobbiamo coccolarli nel modo giusto. Dobbiamo dargli l'impressione che siamo davvero presenti e che vogliamo il meglio per loro con il fine ultimo di vendergli altri prodotti correlati e aumentare lo scontrino medio del nostro cliente.

Le persone amano essere "coccolate", amano quando le facciamo sentire importanti o parte di qualcosa di speciale ma nessuno lo fa perché tutti, una volta che hanno preso i soldi, se ne fregano. Noi non saremo come gli altri, noi vogliamo essere ricordati.

Vogliamo che il nostro cliente si ricordi di noi e compri ancora e ancora e ancora i nostri prodotti perché non vendiamo semplici prodotti: vendiamo promesse, esperienze, soluzioni ed emozioni.

Questo è quello che insegno, nel mio video corso, nel capitolo sul *copywriting*. Ci sono linguaggi, necessità e sogni nascosti diversi a seconda che un cliente target sia un uomo o una donna per esempio.

Catturare l'attenzione è relativamente facile, monetizzare l'attenzione sicuramente è la parte più complessa. Ci sono tanti modi che puoi utilizzare per calamitare l'attenzione sul tuo prodotto nella pagina principale di ricerca. Vediamo alcuni esempi e parliamone insieme così da farti capire cosa funziona e cosa invece non va fatto.

Possiamo per esempio mettere il png (un logo) con una bandiera italiana nello sfondo bianco del vostro prodotto. Questa strategia presenta molti pro ma ha un contro che potrebbe prevalere sul resto, e ora analizzeremo il perché della situazione.

Iniziamo con una domanda, e la rivolgo a te: se tu vedessi un prodotto con dietro una bandiera italiana quale sarebbe la prima cosa che penseresti? Che è un Made in Italy, corretto? Esatto!

Ma l'espressione Made in Italy non è stata scritta da nessuna parte però, tu sei italiano quindi "per te venditore" quella bandiera è sinonimo di patriottismo.

Alcuni venditori la giustificano come "siamo venditori italiani". Ovviamente questa è una strategia che sicuramente porterà le persone a fidarsi del tuo prodotto e a prediligerlo, è anche vero che poi il prodotto arriverà nelle case dei tuoi clienti.

Come reagiresti se avessi fatto un acquisto d'impulso perché anche tu sei un italiano fiero, orgoglioso dei prodotti Made in Italy e pensassi che tutte le "robe" cinesi facciano schifo; dopo che hai letto dietro al prodotto la demonica frase "Made in China"?

Ti sentiresti truffato probabilmente, deluso, tradito. Avresti tutte le ragioni di sentirti così. Non dico che sei stato preso in giro perché non c'era scritto, è stata solamente una tua interpretazione data dal tuo modello del mondo, ma sicuramente sei stato manipolato e circuito.

Quando parlo di etica in questo libro faccio riferimento anche a episodi come questo. Non lo dico per fare il bacchettone, non sono un giudice, e tantomeno un prete.

Sono un esperto di ecommerce, di marketing e della vendita di prodotti fisici online e in questo libro parlo di come vendere su Amazon con successo, in particolar modo.

In nessuna casistica: dalla vendita di servizi online o offline alla vendita di prodotti in negozio o in un ecommerce, prendere in giro un cliente o deludere le sue aspettative volontariamente è consigliato.

E ti invito a ragionare per egoismo: 15 euro incassati oggi a fronte successivamente di una recensione negativa o addirittura una segnalazione del tuo prodotto ad Amazon e magari anche una richiesta di reso e un feedback venditore negativa… Non ne vale la pena.

Gli scontenti ci saranno sempre, questo è sacrosanto e pacifico in qualunque lavoro, è anche vero che non dovrai remarti contro e prendere in giro le persone. Prendi queste parole come fossero oro. La via facile… Esiste! Ma non è questa.

Viceversa, in png con la bandiera italiana sarebbe un'ottima scelta di marketing qualora il prodotto realmente fosse un Made in Italy. In tutta sincerità devo dirti che il caso di specie precedentemente citato capita molto di frequente su Amazon, quindi i tuoi potenziali clienti potrebbero avere già avuto esperienze con quella bandiera e potrebbero avere pregiudizi.

Questo porterà a non fidarsi di te a prescindere, anche se te e la tua azienda siete in buona fede. Il Made in Italy funziona davvero, davvero bene negli altri Paesi europei.

Vediamo un altro esempio: inserire un'icona con un pacco regalo (che ovviamente per lo stesso ragionamento detto pocanzi devi assicurarti che ci sia davvero o andremmo a deludere le aspettative): anche solo per pura curiosità le persone saranno portate a entrare nel tuo annuncio se sanno che ci sarà un regalo per loro.

Questa tecnica può essere molto utile quando presentiamo un bundle (ovvero un'offerta con il prodotto principale e uno o più gadget "in omaggio").

Non vorrei insultare la tua intelligenza ma devi permettermi di spiegare l'ovvio: non è in omaggio. Nel marketing, nelle vendite e in qualunque ambito non c'è sconto, non ci sono regali.

Approfondisco meglio. Dobbiamo proporre al mercato una maglietta da 15€, un braccialetto da 0.5€ e un cappellino da 4.5€. Capisci bene che in questo caso faremo la stessa fatica moltiplicata per 3 e inoltre sicuramente avremo prodotti di punta che riusciremo a vendere e prodotti con cui invece avremo più difficoltà.

Infatti, non è detto che chi comprerà la maglietta acquisterà anche braccialetto e cappellino perché magari non è interessato, o per lo meno non era venuto da te per acquistare gli altri due articoli. Il marketing cosa fa? Vende la maglietta a 19.97€ e lascia sul tavolo 0.03€ per poter dire che c'è l'offerta speciale del prezzo.

Utilizziamo il 7 finale per un discorso psicologico che tutti dicono che è un trucco vecchio ma ti assicuro che funziona molto di più, quindi fallo anche tu senza indugi, poi mi ringrazierai. Al che "regaliamo" insieme alla maglietta anche un braccialetto e un cappellino coordinato.

Quale ti sembra più allettante? Quale sceglieresti come opzione? Ovviamente la seconda. La cosa ancora più incredibile è che ti permette di vendere e alzare il prezzo anche su oggetti che non avresti mai venduto singolarmente.

Inoltre, risulta essere anche più appetibile dal punto di vista di un bias cognitivo che fa leva sul dolore della perdita di un'occasione se non comprano.

Diventa altresì molto più interessante per l'incremento delle vendite perché ora chiunque entra nel negozio ed è interessato solamente a braccialetto o cappello, abbiamo l'occasione d'oro per mostrargli l'offerta combinata e alzare il carrello medio del nostro cliente.

Stessa cosa facciamo su Amazon ma per vendere e giustificare un prezzo più alto rispetto alla concorrenza. Il regalo attira potenziali clienti come il miele con le mosche perché se non comprano il nostro prodotto (che hanno cercato chiaramente, quindi di cui sono interessati nell'acquisto), perderanno loro un'occasione e i soldi perché non avranno il regalo.

Nel mio video-corso insegno questo e anche come applicarlo

all'ennesima potenza utilizzando il prodotto in regalo per evidenziare un "problema" che ha la concorrenza e che avrà anche il mio cliente se non acquisterà da me entrambi.

A quel punto noi gli avremo messo in luce, attraverso il copy, un ulteriore problema da risolvere di cui gli altri non parlavano e del quale nemmeno lui aveva mai pensato prima, ma che noi gli risolveremmo "gratis" con il nostro prodotto in regalo per lui.

Non sai come trovare quel prodotto "satellite" da vendergli? Nulla di più banale. Amazon ci mostra i "spesso comprati assieme", quindi hai un'ottima base di partenza per iniziare a creare la tua strategia già in fase preliminare di ricerca. Un'altra strategia può essere leggere le recensioni negative dei competitor e capire di cosa si lamentano i loro clienti e cosa chiedono.

Quest'ultimo sistema è utile anche per capire che tipo di problema magari nessuno sta risolvendo o lo sta facendo a metà. Fatti le domande: "Per quale motivo dovrei comprare questo prodotto e non quello dei competitor?". Capire ciò serve a farti identificare esattamente quella diversificazione utile a farti vendere centinaia di merci in più e quindi raggiungere il tuo obiettivo: innalzare i tuoi utili.

Ti devo dire la verità: se farai un ottimo lavoro, altri forse proveranno a copiarti ma tu avrai già il tuo vantaggio competitivo sia di tempo sia di recensioni cinque stelle.

Vedi, alcuni non hanno capito che si tratta di strategia. La vendita è un processo strategico che va curato a regola d'arte dall'inizio alla fine. Io ho ottenuto risultati straordinari in questa attività per un motivo molto semplice: non sono un venditore ordinario, sono uno stratega di vendite di prodotti fisici online e questo è quello che io insegnerò a te.

Il tuo ruolo è quello di far evincere in pochissimi secondi, a colpo d'occhio, quella peculiarità che si differenzia e che spicca sugli altri. Anche se risolve lo stesso problema, devi trovare il modo di comunicarlo con qualcosa di diverso, attraente e che riesca a trasmettere un'emozione.

Identifica il tuo cliente target, immedesimati in lui e scava nella sua vita cercando di far emergere ogni difficoltà e ogni problema che potrebbe avere. Descrivigli poi così minuziosamente il problema, così intensamente, così in maniera dettagliata da non lasciargli altra scelta se non quella di comprare da te.

Perché? Perché nella sua mente si svilupperà questo ragionamento inconscio: "se è in grado di descrivermi il mio problema così bene, sicuramente ha la soluzione perfetta".

E come dicevamo precedentemente per la bandiera italiana: voi non avete mai detto che quel prodotto risolverà il suo problema, semplicemente lo avete descritto; ma il vostro cliente ha inteso altro quindi vi avrà pagato e dato fiducia. Sta sempre alla vostra etica e alla vostra strategia dosare e sapere quando utilizzare queste tecniche avanzate.

Ricordati sempre che il primo passo è attirare l'attenzione, nella prima foto è essenziale trovare quel qualcosa di "sexy" e trasmetterlo, in modo che le persone siano veicolate e portate a cliccarci sopra. Bisogna ragionare militarmente per obiettivi.

Il primo obiettivo è che il potenziale cliente "entri in casa tua" cliccando sul link attraverso le immagini, il secondo è utilizzare il *copywriting* persuasivo per non farlo più uscire dal tuo annuncio e non dargli altra scelta se non quella di comprare il tuo prodotto.

L'utilizzo delle parole è importantissimo: attraverso l'annuncio e la descrizione o il contenuto arricchito farai la vendita o la lascerai ai tuoi competitor. La prima foto serve solo ad attirare la loro attenzione ma il *copywriting* li farà innamorare.

Dovrai trasformarti nel Cupido di Amazon, la tua penna e la tua tastiera saranno le frecce che trafiggeranno i tuoi potenziali clienti. Ti dico la verità, questo "potere" è molto sottovalutato dai più, quando in realtà è la chiave di volta per la tua affermazione economica.

Un copywriter è un esperto di vendita, specializzato nella forma scritta. È una figura super ricercata nel nostro ambito perché tutti conoscono l'importanza della scrittura.

Conosco copywriter che si fanno pagare anche 4/5k al mese ad azienda e gestiscono 5/6 aziende contemporaneamente. Impara l'arte e mettila da parte, come dice il detto.

Quando scrivi devi immaginarti di "parlare" al tuo potenziale cliente. Non parlare alla sua testa, parla alla sua pancia. Parla a quello che "sente", che "prova", al suo dialogo interno, a come vuole risolvere quel determinato problema o soddisfa il suo bisogno.

Le parole sono lo strumento principale che hai a tua disposizione per convincere il tuo ipotetico cliente. Puoi raccontargli, ad esempio, i problemi che avrebbe comprando da altri, fai la tua offerta e digli cosa offri tu, la tua differenziazione e cosa otterrà scegliendo te, come si sentirà.

Nessun venditore (o quasi), su Amazon, utilizza un buon copy, le strategie e le tecniche che ti insegnerò io. In pochissimi ne sono a conoscenza perché occorrono anni di studio e di pratica. Tu hai il vantaggio di impararle in un'unica scelta costruendo il tuo business e iniziando a vendere.

Non dovrai spendere migliaia e migliaia di euro in corsi sul *copywriting* perché potrai imparare le basi direttamente nel mio percorso formativo senza spendere un euro in più.

La scrittura è il tuo personale bigliettino da visita e serve per far fare un'azione precisa al tuo cliente.

Le informazioni del prodotto devono solo essere la scusa da utilizzare per far avvenire la vendita e convertire il potenziale cliente.

Dopo aver estratto l'essenza e potenziato ogni segmento a tua disposizione: ossia le foto, il titolo, la descrizione, devi promuoverlo per raggiungere le prime posizioni nelle ricerche.

Più del 90% delle vendite di un prodotto viene fatto attraverso la prima pagina, quindi è necessario essere lì con il nostro prodotto, attraverso l'uso di parole chiave consone che ci permettono di "rankare" il nostro prodotto nelle prime posizioni.

Come fare è un processo *step by step* da seguire. I dati che ci servono li reperiremo dal nostro "genio della lampada" personale che è Helium10 (spiegato prima nella parte della ricerca del prodotto).

Passo numero 5: incassare ogni due settimane e ricominciare da capo questo processo.

L'ultimo step è incassare e ricominciare il processo, al fine di produrre sempre utili in crescita, massimizzando e imparando qualcosa di più ogni volta.

Ricomincia ad analizzare il mercato e quindi a rientrare nel processo con gli stessi step, con un altro prodotto, mentre tieni monitorati gli altri. Essendo fisici devi sempre verificare quando stanno per terminare e organizzarti per il riordino: il magazzino non deve mai e poi mai essere vuoto (come già spiegato)!

Per quanto riguarda i resi? Dei resi se ne occupa direttamente Amazon quindi non è un problema tuo. Tuttavia, è sempre bene averne il minor numero possibile. Se arriverai al 3% o al massimo al 4% sei ancora nella norma, oltre verrai penalizzato.

In ogni caso bisogna capire le motivazioni. Spesso puoi rivenderlo come nuovo o a un prezzo scontato di qualche centesimo. Se ti chiedi: "ma chi comprerebbe un prodotto usato se è scontato solamente di pochi centesimi?".

La risposta è: moltissime persone comprano l'oggetto "usato" perché spesso capita che l'oggetto sia praticamente perfetto e, come dice il buon Alfio: un soldino risparmiato è un soldino guadagnato.

Io ti trasferirò tutto il *know how* e alcuni trucchi per evitarne il più possibile e per evitare di avere recensioni negative nel caso di reso.

Capitolo 4:

I 4 segreti per vincere sempre su Amazon

In questo capitolo voglio riservare alcune "chicche", semplici, ma di vitale importanza che nessuno in Italia può trasmetterti. Voglio pensare alla buona fede di chi tenta di insegnare questo business poiché molto probabilmente non ne è a conoscenza nemmeno lui stesso.

In particolar modo riguardano la ricerca del prodotto, il marketing (su cui continuo a battere chiodo perché la pietra miliare su cui poggia il tuo successo), la gestione delle recensioni e un'idea davvero esplosiva che ti posso assicurare meno dell'1% dei venditori su Amazon applica, ma dall'enorme potenzialità.

Ricerca del prodotto.

La ricerca talvolta può richiedere tempo, ma anche se ci vorranno settimane per trovare il prodotto "perfetto" non devi vedere questo investimento come una perdita di tempo.

È infatti la parte più delicata di tutto l'intero processo in quanto, una volta trovato il prodotto giusto da vendere, tutta la strada sarà in discesa e avrai un prodotto che ti porterà migliaia e migliaia di euro tutti i mesi (se non addirittura tutti i giorni) nelle tue tasche per gli anni a venire.

Più tempo dedicherai a questa ricerca, più papabili prodotti troverai, più cernita riuscirai a fare, più sarai sicuro di trovare quello che ti farà marginare ampiamente e ripagare di tutti i tuoi sforzi.

Di contro, devo avvertirti, non aspettare nemmeno troppo tempo: a volte è meglio essere veloci piuttosto che perfetti. A volte provare, e lanciarsi, anziché rimanere bloccati nella paura pensando che ci sia sempre di meglio è la scelta migliore da fare.

Se seguirai la maggior parte dei canoni che ti dirò, potrai lanciarti e partire: ricorda che la perfezione non esiste, e volerla a tutti i costi prima di iniziare rischia di non farti mai partire.

Non cercare prodotti perché ti piacciono. Scegli solo i prodotti che funzionano meglio e che ti permettono di avere margini alti. Non affezionarti ai prodotti che trovi, sii oggettivo e non cascare mai nella trappola di quelli "modaioli".

Avrai a disposizione tutti i numeri e i parametri per valutare in maniera imparziale senza emozioni. Basati su quelli e crea la tua strategia vincente. Prediligi prodotti *evergreen* ai *trend* stagionali, ti assicurano vendite costanti in ogni momento dell'anno e ti daranno più tranquillità, specie all'inizio.

Se puoi, trova prodotti che si usurino o finiscano così da monetizzare più volte lo stesso cliente.

Evita i prodotti che contengono le pile se è il tuo primo prodotto. Dovresti, anche in questo caso, disporre un'etichettatura specifica, un iter per lo smaltimento come rifiuti speciali, le varie documentazioni e iscrizioni a consorzi e registri. Dopo aver preso dimestichezza diventeranno pratiche facili da esplorare ma, fai prima pratica con prodotti semplici.

Quelli con troppa competizione anche se magari ti faranno gola, sono da evitare. Se ci sono nicchie già conquistate o con brand molto forti all'interno possono diventare bombe a orologeria pronte a esplodere. Con la conseguenza spiacevole che a saltare per aria potresti essere solo tu.

Se non hai esperienza non devi lasciarti ingolosire. Probabilmente non sarai in grado di superarle: ti posso assicurare che ci sono moltissimi prodotti, magari meno "fighi" dal tuo punto di vista personale ma con i quali si possono fare davvero tantissimi soldi.

Non dobbiamo vendere un prodotto bello, dobbiamo vendere tanto e marginare tantissimo, punto. Ricordatelo sempre bene.

Renderlo il più unico possibile è la chiave del successo. Il tuo prodotto dovrà essere altamente differenziabile, avere un angolo di attacco diverso e con la visione di vendere al prezzo più alto rispetto ai nostri competitor. Allontanarci dalla guerra dei prezzi deve essere il tuo focus. Se poi è legato a qualche emozione in particolare, hai fatto bingo!

Di solito, indico ai nostri studenti di scegliere quelli che fatturano almeno 7/8k al mese, che abbiano poche recensioni, non più 75/100 e alcune anche non molto positive. Consiglio che siano piccoli e leggeri per avere costi bassi di spedizioni, non fragili.

Conta che la spedizione 90 su 100 la pagheremo a 60/90 giorni fine mese quindi avremo tutta la tranquillità del mondo nel vendere i nostri prodotti, incassare e pagare dopo lo spedizioniere. Del resto, per pagare e per morire c'è sempre tempo, no?!

L'abbigliamento e gli alimenti li escludiamo a priori. Così come cd e vinili, gioielli, illuminazione, orologi, informatica e software, scarpe e borse, film e tv, strumenti musicali, videogiochi e pillole dimagranti. Mai vendere oggetti pericolosi o che possono essere soggetti a rapidi aggiornamenti tecnologici (per esempio le cuffie bluetooth).

In ogni caso, a prescindere dalle liste di cose da fare e da non fare che ti posso trasmettere, il mio intento è insegnarti ad essere autonomo nella ricerca del prodotto. Non avrebbe senso dirti qual è quello migliore rispetto a un altro: piuttosto è meglio che tu capisca il ragionamento che c'è dietro, per capire le motivazioni che ti permetteranno di giudicare se investirci o meno.

Quando inizierai ad analizzare il mercato ti renderei conto tu stesso di quante cose errate vengono fatte o non considerate dagli altri venditori.

L'importanza di fare marketing.

Questa è una skill che, a prescindere dalla vendita su Amazon, tu dovresti acquisire per poter fare soldi e migliorare le tue finanze. La gente fallisce, fa buchi nell'acqua tutti i giorni, e questo perché avviene? Perché non si evolve e perché ignora le nozioni di base che bisognerebbe adottare per rendere la propria azienda o libera professione un successo.

La cosa davvero entusiasmante nel vendere su Amazon è che ci servono pochissime strategie da applicare rispetto a un'attività tradizionale, ma in quelle dovrai eccellere. Non potrai permetterti di abbassare la soglia della perfezione nemmeno di un millimetro: è lì che si celerà chi perde e chi, come i nostri studenti, vince.

Così come per qualunque attività, anche su Amazon non si può andare allo sbaraglio. Non pensare che, solo perché si tratta di un "business online", allora sia più facile, che si possano bruciare le tappe o che si possa essere pressappochisti.

Devi essere disposto a diventare un vero imprenditore, certo "online", ma con la mentalità di dovere, e volere, applicare tutti i passaggi nel miglior modo possibile, con lo scopo di produrre utili e far prosperare la tua azienda e il tuo conto corrente bancario.

Dovrai analizzare i punti deboli dei competitor, magari leggendo le recensioni, creare una pagina del prodotto efficace, delle foto descrittive e che usino le emozioni per vendere, usare il *copywriting* in modo sopraffino, utilizzare le parole chiave giuste e i *bullet point* in modo strategico (non usarli a sproposito, per favore, piuttosto non usarli!).

Il marketing sarà la vera arma segreta che nessuno sarà in grado di copiarti. Alcuni buffoni online continuano a divulgare che il marketing non serve a nulla su Amazon. Mi arrabbio incredibilmente quando sento queste cose perché danneggiano le persone che non sanno nulla di questo business.

Diventano venditori su Amazon e poi quando trovano quelli come me, o come i miei studenti, si mettono a piangere. Perché? Perché vinciamo 10 a 0 e li spazziamo via dal mercato. Non mi sto lamentando che la competizione non sia forte, non fraintendermi. A me come venditore fa super piacere quando trovo nicchie "vergini" e popolate da incompetenti.

Mi dispiace quando invece viene fatto un lavoro di disinformazione volto a danneggiare le persone inesperte per circuirle. All'inizio avevo pochissime informazioni su questo business e ho commesso tantissimi errori.

Vorrei evitare che tu possa commetterne, donandoti la mia esperienza di anni sul campo. Proprio per la mia esperienza ti posso dire con estrema precisione e certezza che imparare il marketing sarà il tuo più grande vantaggio competitivo.

Io e il mio team vediamo costantemente prodotti con annunci fatti malissimo che puntano alla sola descrizione nuda e cruda.

Nessuno ha ancora capito che i *bullet point* (per esempio) non servono solo a trasmettere in ordine e schematicamente le caratteristiche del prodotto, unendole alle emozioni (che nel 90% dei casi già questo sarebbe un miracolo). Bensì si possono anche inserire i punti critici dei competitor con le nostre relative soluzioni.

Il marketing serve, oltre che a far avvenire la transazione, anche a fidelizzare il cliente affinché torni ad acquistare da noi. Curare il customer care è in parte anche più importante della prima vendita del prodotto: ci sono delle strategie che ti permettono di tenerlo attaccato a te, grazie magari anche al fatto che gli hai offerto un ottimo servizio post vendita o dei servizi che non si aspettava.

Oltre che a farti una recensione positiva, cercherà di scoprire quali altri beni vendi e sarà incentivato a tornare da te se si sarà trovato bene con il primo prodotto.

A proposito di recensioni... Le recensioni decreteranno il tuo successo. Amazon le tiene molto in considerazione soprattutto quando deve proporre o consigliare i tuoi prodotti a nuovi potenziali clienti.

Tieni sempre a mente che il loro modello business è basato sulla soddisfazione dei clienti. Ci sono dei sistemi per aumentarne il numero in modo corretto, non commettere mai l'errore di chiederle ad amici o parenti e tanto meno nei gruppi Facebook.

Devi sapere che Facebook collabora con Amazon e hanno sistemi di tracciamento al di là dell'umana comprensione.

Amazon monitora e controlla continuamente ogni persona che è presente nel suo sito, sa con chi è amica e ha attiva anche la geolocalizzazione. Barare e chiedere recensioni false significa andare contro le politiche di Amazon. Si accorgono immediatamente se vuoi "fregarli", sono la più grande azienda tecnologica al mondo, non essere così arrogante da pensare di poterli fare fessi.

Quello che succederà se lo farai è: Amazon eliminerà seduta stante tutte le tue recensioni poi, se sarai abbastanza fortunato, ti avvertirà che ti ha colto con le mani nel sacco e ti avvertirà che, se dovesse succedere nuovamente, ti banneranno l'account senza ulteriori preavvisi.

Se non sarai fortunato, perché hai esagerato con le violazioni delle policy, beh, allora verrai bannato senza diritto di replica.

Non voglio spaventarti, voglio avvertirti. Amazon non banna nessun account senza motivo. L'unica cosa che non devi fare è: non provare a ingannarlo. Ci sono cose che si possono fare e sono permesse, e cose che non dovrai fare. Specie in modi in cui sappiamo che ci scoprono.

Inoltre, non dovrai mai e poi mai divulgare i prodotti che vendi. Prova a rifletterci, hai faticato duro per trovare la nicchia giusta, il prodotto perfetto che sia profittevole… Perché mai dovresti darlo in pasto a venditori svogliati che non vogliono investire tempo per cercarlo?

Il business è popolato di squali pronti ad aspettare un nuovo prodotto da vendere, fai in modo di proteggere sempre la tua privacy e i tuoi prodotti.

Alcuni competitor giocheranno sporco ma non prenderla sul personale e non dovrai in alcun modo rispondere in maniera offensiva. Sii neutrale e accondiscendente anche dinnanzi a un affronto, non perdere la calma e non diventare maleducato.

Questo atteggiamento pagherà il 100% delle volte, arrabbiarsi e tentare di minare la concorrenza è sempre negativo perché Amazon risolverà la cosa senza che tu faccia nulla.

Fa parte del gioco, non ricambiare mai il "favore" e gioca sempre pulito. Piuttosto segnalalo. Prima di segnalare però dovrai accertarti della sua malafede e poi agire educatamente inviando la segnalazione ad Amazon. Amazon saprà chi è stato e lo danneggerà bannandolo o togliendogli visibilità.

Il karma c'è per tutti, chi si comporta male non avrà vita lunga, in questo business come nella vita in generale.

Tu stesso non dovrai mai mettere, o chiedere ad amici e parenti, recensioni negative agli altri competitor solo per fargli un torto: non abbassarti a questi livelli.

Focalizzati su di te, non sugli altri. Chi perde tempo per danneggiare gli altri non è concentrato sul proprio business e sul creare sempre annunci migliori, curare i clienti e portare nuovi prodotti sul mercato.

Il focus deve essere sempre su di noi, sul nostro business e su come fare più soldi, non sicuramente su come togliere fatturati agli altri. Se farai le cose per bene, prendere quote di mercato da altri sarà la naturale conseguenza.

Un'idea esplosiva come i fuochi d'artificio.
Un altro tema fondamentale per qualunque business è il reparto clienti. Non devi mai e poi mai abbandonare un cliente dopo l'acquisto. Una volta che ha comprato da te devi proseguire nelle azioni di *up sell* e *cross sell* con lo scopo di aumentare il carrello medio.

Dovremo creare empatia e fiducia con il nostro cliente perché è la cosa più importante che abbiamo. Loro sono persone che già ci hanno pagato, che già ci hanno dato i loro soldi quindi sono quelli che, più facilmente, ce ne daranno ancora.

Ovviamente non lo dovrai fare manualmente. Ti insegnerò ad automatizzare tutto il processo affinché venga fatto per te a ogni singola vendita.

Una tecnica tanto semplice ed economica quanto potente è utilizzare una "Thank You Card".

Di cosa si tratta? Molto banalmente si tratta di un cartoncino che farai inserire in ogni prodotto direttamente dalla fabbrica.

Sarà come un banalissimo bigliettino da visita per comunicare qualcosa al cliente. Potremo ricordargli per esempio di fare una recensione positiva, potremo invitarlo a visitare il nostro Store (magari regalandogli un codice sconto), oppure potremo utilizzarlo per tecniche più complesse di marketing nelle quali inseriremo un QR Code che lo rimanda al nostro ecommerce o al nostro sito esterno ad Amazon.

Questo per farlo entrare nei nostri database personali e continuare l'opera di *follow up* dentro e fuori Amazon. Queste sono tecniche e strategie che tratto solamente in consulenza privata perché variano in base al business e al prodotto che si vuole vendere.

Solitamente queste tecniche super avanzate le riservo a imprenditori che già hanno prodotti da vendere e vogliono espandere la propria rete vendita in maniera esponenziale fin da subito.

La prima cosa che faremo sarà ringraziarlo per l'acquisto. So che sembra una cosa da poco ma ti assicuro che farà tutta la differenza del mondo. Infatti, il cliente ti ricorderà e lo noterà. Dal momento che nessun venditore, o quasi, si prende la briga di prestargli attenzione, con questo piccolo gesto apparirai come un bravo e gentile venditore.

C'è un'altra ragione per la quale inserire una "Thank You Card" che è un'ottima scelta strategica: per avere le chiavi di casa sua. Ti spiego meglio cosa intendo. Se questo cartoncino avesse un codice promozionale per qualche altro prodotto a tuo marchio privato, il proprietario di questo biglietto non sarebbe mai così stupido da buttarlo via.

Magari non comprerà subito ma sicuramente non lo getterà nel bidone perché quel codice rappresenta soldi veri che gli stai regalando.

Ma qual è il vantaggio? Il vantaggio è che lui terrà quel cartoncino in casa sua. Ci passerà di fianco una volta, due volte, 20 volte magari… Ma non può dimenticarsi del tuo brand e dello sconto che gli hai regalato.

Questo prima o poi lo porterà a ricomprare da te e, indovina un po'?! Quando acquisterà un nuovo prodotto da te troverà all'interno un altro cartoncino con un altro codice sconto.

Creeremo così un *loop* virtuoso che continuerà a monetizzare i vecchi clienti anche dopo mesi e mesi dal loro primo acquisto.

Questo ti permetterà di accorciare le distanze, di entrare nella sua mente e, in caso qualcosa fosse andato storto e il prodotto non dovesse essere di suo gradimento, di evitare la recensione negativa.

In questi anni sia io che il mio team abbiamo fatto centinaia di consulenze private e abbiamo avuto modo di studiare tantissimi casi studio sia con "Thank You Card" che senza. Senza quel piccolo cartoncino le recensioni negative aumentavano del 32% e quelle positive diminuivano del 46%.

Spesa del cartoncino? 0,03$ in media. Ne vale la pena secondo te investire 0,03$ in più in ogni prodotto che venderai per aumentare le recensioni positive del 46% e diminuire quelle negative del 32%?

Io penso proprio di sì. Queste sono le strategie smart che dovrai utilizzare, la filosofia dell'online è: minima spesa, massima resa; minimo investimento, massimo profitto.

Tuttavia, le recensioni negative non si possono evitare del tutto ma chiaramente con queste strategie ne abbatterai moltissimo la percentuale. Potresti usare la "Thank You Card" per dargli indicazioni a priori qualora ci fossero dei problemi o insorgessero dubbi dopo l'acquisto.

Una frase tipo: "se ci sono problemi contattaci all'indirizzo e-mail pincopallino@evolution.com mentre se il prodotto ti è piaciuto facci una recensione positiva. Siamo due giovani studenti universitari e un bel feedback ci sarebbe molto d'aiuto nel realizzare il nostro sogno. La tua recensione è molto importante per noi."

È decisamente d'impatto per evitare una recensione negativa. Non potrai chiedergli espressamente di fare una recensione 5 stelle perché infrangeresti le politiche di Amazon ma, con le tue parole, tra le righe, lo inviterai a farlo.

Ti insegnerò a conferirgli il "potere" con lo scopo di farlo sentire importante affinché lui sia lieto di darti una mano e di fare quello che vuoi che lui faccia. Questo lo imparerai nel modulo del *copywriting*.

Per il come creare la tua "Thank You Card" ti consiglio un cartoncino di colore nero con scritte bianche. Questa scelta cromatica comunica eleganza e professionalità inoltre sarà di grande impatto.

Sul fronte del cartoncino potresti scrivere molto semplicemente: "Grazie mille per il tuo acquisto da Pincopallino srl!".

Sul retro invece potresti ringraziarlo nuovamente per l'acquisto e per la fiducia. Potresti dichiarare la tua missione con lo scopo di attirare la sua attenzione e creare legame empatico.

Non deve essere per forza reale, mi dispiace dirtelo ma dovrai accettarlo. Infatti, potresti inventarti una storia che funziona, comunicando i tuoi valori aziendali, che potrebbero cambiare da prodotto a prodotto.

Lasciagli anche la tua mail e digli di contattarti qualora insorgessero dei problemi. L'indirizzo crealo su questa falsa riga:
Email: ufficio@nomedominiodelbrand.com
Numero Verde: 800.XXX.XXX

Chiudilo con una frase ad effetto e una Cta (call to action o chiamata all'azione) per farti fare subito una bella recensione 5 stelle.

E-mail automatiche.

Fai business online? Non puoi non avere un autorisponditore che invia email in automatico ai tuoi clienti. E indovina un po'? Il 99% dei venditori su Amazon nemmeno sa che sia possibile farlo.

Come dici? "Altri soldi da investire"?! Assolutamente no. È totalmente gratuito e fantastico a livello di delivery. Tutto incluso in quel magnifico strumento, di cui abbiamo parlato prima, che si chiama Helium10.

Non un euro in più e potrai mandargli email personalizzate in maniera automatica a ogni singolo cliente per ricordargli di acquistare ancora da noi e molto altro.

Ti spiego ora in due parole perché è uno strumento incredibile e come utilizzarlo in breve.

Potresti decidere di mandargli una email quando l'ordine è stato spedito per esempio e cogliere l'occasione di raccontargli una storia sulla tua azienda. Sii breve e conciso, basa tutto sulle emozioni e, se puoi, fagli percepire il percorso dell'eroe, così facendo sarà molto più propenso a farti una recensione 5 stelle e molto più frenato dal fartene una negativa.

Potresti mandargli una email con un regalo. Cosa intendo per regalo? Un pdf con del valore che hai scritto tu in base all'oggetto che ha acquistato. Oppure dei consigli su come utilizzare al meglio il tuo prodotto appena lo avrà.

O magari potresti mandargli un catalogo di presentazione con altri tuoi prodotti… Insomma, ci sarebbero 1000 strategie possibili che potresti utilizzare. Nel percorso formativo Fba Evolution sono tutte comprese ma quello che voglio trasmetterti ora è il ragionamento.

Il ragionamento e la strategia faranno la differenza e ti renderanno autonomo di creare i tuoi piani strategici.

Un altro utilizzo delle email molto utile potrebbe essere il ricordare a cadenze settimanali di acquistare nuovamente il prodotto che sta per finire. Ipotizziamo che tu venda ricariche per diffusori agli oli essenziali: se hai fatto un calcolo sull'utilizzo giornaliero degli oli saprai indicativamente quando il vostro cliente potrebbe essere in procinto di finirle.

Tu dovrai essere sveglio per proporgli le ricariche prima che le finisca così non perderà tempo a cercarne altre da altri competitor ma le acquisterà ancora e ancora da te.

Potresti ancora utilizzarle solo in caso di reso da parte di un cliente. Potresti scusarti e chiedergli di darti un feedback privato senza fare una recensione negativa pubblica su Amazon.

Questa tecnica funziona molto bene se l'email viene scritta in maniera davvero emotiva e "cedendo" il potere al nostro cliente in maniera totale.

In realtà lo stiamo manipolando a non fare un'azione che molto probabilmente avrebbe fatto quindi: non sentirti zerbino quando la scrivi.

Fai del tuo meglio per esprimere il tuo rammarico e implora pietà in virtù del fatto che, anche se hai sbagliato, una recensione negativa potrebbe distruggere il tuo sogno, il tuo futuro e le tue speranze per sempre.

Capitolo 5:
Luoghi comuni errati

In questo capitolo voglio metterti a disposizione le domande più comuni che mi sono state fatte in questi più di tre anni. Ho ricevuto migliaia e migliaia di domande riguardo la vendita su Amazon e ogni volta mi stupisco per quanto possano essere fantasiose.

Con il passare degli anni ho riconosciuto dei pattern di domande che erano supportate da preconcetti falsi, assolutamente fuorvianti e senza alcuna validità. A quanto pare, nel panorama italiano si sono costituite delle leggende radicate, non veritiere, sulla vendita di prodotti online.

Credo sia doveroso rispondere una volta per tutte a questa serie di assurdità. Vediamo insieme le frasi che più spesso mi hanno detto.

"Servono un sacco di soldi per cominciare questa attività."

Io quando sono partito anni fa con il mio migliore amico avevo solo 2.200€ tondi tondi per iniziare a vendere su Amazon. Non un euro in più…

Molti studenti hanno iniziato anche con un capitale più basso per poi andare a reinvestire successivamente parte dei ricavi del primo slot di vendita.

Ripeto questo concetto: questo è un tipo di business scalabile sotto ogni punto di vista. Attualmente io investo cifre a 6 zeri per le mie aziende che vendono su Amazon, è vero, ma perché ho una quantità di prodotti rilevante e vendiamo in tutta Europa.

Non sono di certo partito così, ognuno può partire con la cifra che più gli si addice pur tenendo in considerazione che dovrà acquistare un piccolo stock di merci.

Credici quando dico che non avrei mai e poi mai pensato, appena 3 anni fa, di potermi permettere investimenti simili. Tu adesso puoi partire con un budget limitato, in base alle tue tasche: dipende tutto dal prodotto che scegli.

Il mio metodo insegna a fare una ricerca di mercato principalmente in base, appunto, ai propri fondi, in modo da poter partire in ogni circostanza, per poi scalare, puntando a numeri molto più divertenti e stimolanti.

Non paragonare mai il tuo giorno 1 con il giorno 1000 di un'altra persona. Segui la tua strategia e rispetta il budget che ti sei dato a disposizione.

Ho avuto studenti che hanno cavalcato trend con l'ingegno. Hanno venduto magliette simpatiche sfruttando controversie politiche, personaggi di trend o schieramenti vari.

Quello che hanno fatto era creare le magliette su un sito *print on demand* e poi creavano l'annuncio su Amazon. Ricevevano l'ordine e lo facevano stampare e inviare al cliente. Nessun investimento fatto.

Vendevano su Amazon? Oh sì, eccome! E anche con discreti successi. Il limite per la vendita di prodotti online è solo l'immaginazione.

"È un metodo di guadagno online semplice, il che vuol dire fare poco e guadare molto."

Stupidaggine! Questi sistemi non esistono, non sono mai esistiti e soprattutto (e anche sfortunatamente) non esisteranno mai.

La favola del "faccio soldi online senza fare nulla" è un concetto che racchiude la remota possibilità di ottenere guadagni facili, senza investire un euro e diventando ricchi in 2 settimane senza nemmeno capire bene né il come né il perché.

Creare i propri brand e vendere organicamente su Amazon vuol dire creare un business serio. Vuol dire fondare una vera e propria azienda che ben presto, seguendo passo dopo passo le tappe da fare, diventerà una multinazionale che venderà ogni tipo di prodotto sulla piattaforma ecommerce più grande mai esistita prima.

E, perché no?! Magari lanciare un tuo ecommerce con la tua *private label* alzando i prezzi e utilizzando ogni strategia possibile.

I fan del "fare soldi online" sono persone che non hanno ambizioni grandi nel lungo periodo ma che vogliono tutto facile e senza sbattimenti. Pensano bastino due click e il conto corrente si riempirà in "automatico", beh, nulla di serio è così.

Ci sono tantissime persone che sponsorizzano prodotti basandosi su questa "malsana" e decisamente fuorviante concezione: magari conserva questo libro per quando capirai che 99% sono truffe e che per crearti la tua libertà finanziaria servono impegno, costanza e dedizione.

Non pensare che "online" significhi solo lavorare da spiagge paradisiache sorseggiando un cocktail. Significa ottenere un effetto "leva". Leva di luogo: possiamo vendere in tutto il mondo da casa nostra. Senza l'online sarebbe stato ovviamente impossibile.

Leva di tempo: possiamo lavorare quando vogliamo perché la nostra azienda è aperta h24 e produce fatturato potenzialmente ogni singolo minuto ogni giorno.

Leva di soldi: abbiamo la possibilità di aggredire mercati in tutto il mondo senza spendere un centesimo in più.

Leva di agilità: non occorrono collaboratori e dipendenti. Non occorre avere un magazzino né una fabbrica che produce i nostri prodotti. Non occorre un team per il customer service. Non abbiamo l'obbligo di strutturarci da subito con costi fissi altissimi.

Chi vuole iniziare un'attività imprenditoriale che permetta un grandissimo effetto leva su tempo, soldi generati e libertà sceglie di vendere su Amazon. Un business concreto, efficace e comprovato. Se pensi che sia, invece, un metodo di guadagno a "spot", banale, effimero e alla portata di chiunque voglia "vincere facile", ti invito davvero a passare oltre.

"È passivo da subito, è facile e non devo fare niente!"
Certo, così come gli asini volano! Dimenticati all'inizio macchine lussuose, yacht e jet privati.

Vendere su Amazon è un business semplice come processo ma non facile: ci sono delle cose che vanno fatte per bene e bisogna seguire una determinata metodologia che ovviamente ti insegnerò.

Non è possibile guadagnare a fronte di non fare assolutamente niente. Magari dopo qualche mese potrai delegare, sempre monitorando e tenendo in considerazione che la delega implica il controllo, ma scordati il concetto di entrata automatica al 100% nei primi mesi!

Abbiamo studenti che hanno delegato da subito questa attività? Assolutamente si, più di uno a dire la verità. Come abbiamo detto, delega significa controllo però. Quindi se ti immagini la rendita passiva al 100%, mi dispiace deluderti.

So che tanti l'hanno venduta bene in Italia questa metafora utopistica ma non esiste se non in casi davvero, davvero, davvero eccezionali.

Nessun imprenditore di successo che conosco ha le rendite passive al 100%, si può avere tanta leva. Due ore di lavoro al mese che ti generano 10/15k al mese? Questo sì, ma il controllo è fondamentale.

"Non ho tempo da dedicargli."

Quanto pensi che ne occorra? Il molto o il poco dipende solo da te. Una cosa è certa: non hai tempistiche fisse da seguire. Nessuno ti darà orari da rispettare o scadenze da assolvere. Sarai libero da subito di scegliere quando voler lavorare e per quante ore vorrai farlo e da dove.

Per assurdo, ti potranno bastare anche 20 minuti al giorno per cercare un prodotto. Potresti metterci più tempo rispetto a chi investe 5/6/8 ore al giorno, ma che importa? La cosa su cui bisogna focalizzarsi è: come voglio sfruttare il mio tempo libero?

Anche se magari svolgo un lavoro che mi occupa la maggior parte della giornata, posso decidere come impiegare il resto del tempo, ovviamente trovando anche momenti di svago, anche quelli sono utili per staccare ogni tanto.

Dopo tutto, con chi sei in competizione?! Questa non è una gara a chi fa prima, è il tuo business. Dovrai solo rendere conto a te e alla tua voglia di fare ed esplodere.

Se prima parlavamo di leve, indubbiamente anche il tempo è una leva. Molto più importante dei soldi stessi che ti serviranno per partire. Il tempo è una risorsa limitata, i soldi no.

Ognuno di noi ha a disposizione 24 ore in una giornata e ogni persona parte con un budget differente: se riusciamo a organizzare il nostro tempo in modo ottimale, anche meglio di chi parte con un budget più elevato, ti assicuro che i soldi non saranno mai un problema.

Trova e gestisci il tuo tempo e otterrai i risultati che meriti.

"Non si può creare un'azienda da casa."
È vero! Infatti, con Amazon la puoi creare anche dal giardino del vicino, dal balcone di mamma e perfino da un'isola sperduta nel Pacifico! A parte la battuta, in verità ti basta avere una connessione internet e un pc (portatile è meglio, sennò sei obbligato davvero a stare casa tua!).

Io ho costruito una multinazionale che vende in ogni Paese europeo senza avere né dipendenti né un ufficio "canonico" o particolari background aziendali ed esperienze nel commercio o simili.

Così come me, anche tutti i nostri studenti, sono nella stessa condizione, e in particolar modo, portiamo avanti il business in ogni parte del mondo senza alcun problema di geo localizzazione.

Il vantaggio dell'online è che l'unica cosa di cui hai davvero necessità, te lo ripeto, sono un portatile e una mediocre connessione a internet: puoi realmente operare dove ti pare senza né limiti né vincoli.

Online è sinonimo di libertà ma non di oziosità o di ricchezza garantita automatica senza fare nulla!

"I cinesi vendono su Amazon quindi non possiamo batterli."
Alcuni cinesi vendono su Amazon, vero. È un dato di fatto! Tuttavia, vorrei fare qualche considerazione prima di considerarlo un problema. Andrò a toccare infatti punto per punto tutto quello che è oggettivo, senza contaminazioni.

Partiamo dal primo punto assolutamente oggettivo: la scrittura. Nell'80% dei casi i cinesi non sanno scrivere in un inglese corretto, figuriamoci in italiano. I loro copy sono assolutamente ridicoli, spesso non sono nemmeno comprensibili.

Insomma, parlandoci fuori dai denti e detto tra me e te: fanno schifo anche per uno che non si intende di *copywriting*. Non hanno la minima idea di come creare un buon annuncio che converta e che sia improntato alla vendita, come appunto insegno io.

Punto numero due: le immagini che utilizzano sono di pessima qualità e in inglese. Questo perché non investono assolutamente tempo nel farsi creare foto professionali con delle infografiche, dei packaging accattivanti ecc.

Usano le immagini di Alibaba e, se sono proprio all'avanguardia, usano quelle di Aliexpress.

Ovviamente il target a cui si rivolgono è estremamente differente come puoi immaginare. Su Alibaba.com il cliente target è un imprenditore grossista che acquista stock di merce per rivenderla a prezzo maggiorato. Quindi non ha bisogno di un prodotto preconfezionato che sia accattivante perché sarà lui stesso lo stratega che lo renderà "sexy" per il mercato.

Il rivenditore che acquista su Alibaba sa che sarà lui stesso a decidere come fare packaging, istruzioni, "Thank You Card", modifiche strutturali; sarà inoltre lui a occuparsi del posizionamento sul mercato di quel prodotto.

Il cliente di Amazon invece è tutt'altro cliente rispetto a quello di Alibaba. Dal momento che acquista il prodotto per se stesso o per regalarlo a una persona importante per lui, e non ha la possibilità né di vederlo ne di toccarlo con mano, se non post acquisto, ha bisogno e richiede immagini che lo "convincano".

Le immagini dovranno essere ovviamente il più persuasive e il più emozionali possibile.

Un altro problema delle immagini dei cinesi è che sono in inglese ovviamente. Gli italiani mediamente hanno gravi difficoltà con questa lingua. Il messaggio deve essere il più chiaro e il più comprensibile per chiunque.

Ora andiamo al terzo punto, quello saliente, quello più gettonato. La questione prezzo. L'obiezione più comune è: "Ok, tutto giusto quello che dici. È anche vero che i cinesi però vendono a un prezzo molto più basso di noi. Hanno più margine. Non possiamo competere!".

Inutile dire che questa è una assurdità clamorosa per varie ragioni che ora andrò a discutere sciogliendo ogni dubbio a riguardo.

È vero che i cinesi listano a un prezzo più basso rispetto a quanto possiamo fare noi. Ma... Perché c'è un "ma" in questa affermazione, non è necessariamente tutto oro quel che luccica.

Infatti, i cinesi inseriscono un prezzo più basso perché non includono le spese doganali e di spedizione, che solitamente sono anche molto care per un singolo prodotto e quindi risultano fuori mercato.

Utilizzano uno specchietto per le allodole assolutamente inutile perché il cliente di Amazon non è stupido! Può cascarci a primo impatto ma poi in fase di check out, Amazon ti aggiunge l'importo per questa spesa, facendo lievitare notevolmente il prezzo dell'oggetto.

Questa strategia viene adottata per il modello con il quale i cinesi vendono sul portale Amazon (Modalità Fbm). Cosa vuol dire Fbm? Letteralmente si tratta dell'acronimo Fulfillment By Merchant che, in parole povere, significa che la logistica è a carico del venditore e non di Amazon, come invece la modalità Fba (Fulfillment By Amazon).

In soldoni allora cosa comporta questa modalità? Molto semplice, te lo spiego subito. Non godendo della logistica Amazon e non avendo stoccato le loro merci nei magazzini Amazon, i cinesi sono obbligati a spedire direttamente dalla Cina.

Ci sono vari effetti collaterali in questa modalità che penalizzano in maniera determinante il venditore cinese di turno. Il primo problema è che non godono della spedizione Prime, oltre al fatto che Amazon stesso li penalizza, agevolando le proprie spedizioni.

In secondo luogo, il cliente non vuole aspettare settimane per ricevere il suo amato prodotto, cosa invece fisiologica per una spedizione dalla Cina.

Come se non bastasse, la questione prezzo è davvero fastidiosa da sentire nel 2021, che sia per i cinesi o per qualunque altro venditore europeo o americano. A qualsiasi livello e vendendo qualunque cosa, il prezzo non può essere una discriminante per l'acquisto.

Se i tuoi clienti guardano il prezzo, la colpa è tua che non sei riuscito a far percepire loro il perché. Nella creazione del tuo prodotto e della tua *brand identity* deve esserci una profonda consapevolezza di ciò che stai creando e di ciò che vorrai comunicare.

Siamo circondati da esempi di brand che vendono a prezzi anche 10 volte superiori alla media senza un apparente motivo. Perché Rolex vende orologi da 40k? È davvero perché è più preciso degli altri? Se ci pensi i nostri smartphone sono satellitari, più precisi di quelli non esiste nulla. E allora come convincono i loro clienti a dargli così tanti soldi per un oggetto che non avrebbe senso di essere venduto?

Nel più piccolo possiamo trovare Daniel Wellington. Orologi che su Alibaba costano poco più di 5$ rivenduti a 85$. Come riescono a fare questo?

Devi imparare come si costruisce un brand che giustifichi il prezzo. Un brand a cui le persone credono e che susciti un desiderio materiale al di là della logica. Nessuno compra in base alla logica. Tutti compriamo guidati dalle emozioni.

Vogliamo qualcosa perché pensiamo che quella cosa ci farà stare meglio con noi stessi, ci farà apprezzare di più dagli altri e ci darà uno *status quo* più alto. Solo successivamente andremo a giustificarcelo a livello razionale.

Ti è mai capitato di *voler* cambiare auto o moto? Hai individuato il modello che ti piace, cavolo quanto la vorresti. Quello che accade da quel momento in poi è pura magia del tuo cervello.

Inizi a notare tutte le cose che non funzionano più bene nella tua vecchia auto o moto. Inizierai a notare che consuma tanto, che è rigata, che anche a livello di performance non è più come una volta… Quindi?

Beh, quindi sei "obbligato" a cambiare macchina perché è rotta e non funziona più bene.

Imparare a creare un prodotto che soddisfi una certa clientela (preferibilmente alta) è quello che insegno da sempre. Ho sempre venduto a prezzi più alti rispetto alla concorrenza e, come me, anche molti dei miei studenti hanno scelto questa strada. Non è impossibile, servono tecniche giuste e strategie provate che possano essere replicate più e più volte.

Ma torniamo alla questione cinese perché non è finita qua. Il quarto punto sono le recensioni. I cinesi non sanno come generare centinaia e centinaia di recensioni in maniera sicura al 110%, infatti i loro prodotti hanno poche recensioni, e per la maggior parte negative.

A dirla tutta, nessuno in Italia conosce queste tecniche, il mercato da questo punto di vista è rimasto fermo a chiedere recensioni ad amici e parenti o nei vari gruppi Facebook. Tra parentesi, queste tecniche promulgate e promosse da vari "espertoni" hanno portato catastrofi a non finire.

Usare queste pratiche è contro ogni policy di Amazon e questo utilizzo sconsiderato di "trucchetti" per "fregare" Jeff, ha portato centinaia di venditori a dover chiudere i loro business a causa dei ban di Amazon.

Quinto punto: Amazon non dà loro à la visibilità che dà a noi venditori italiani e per di più non sanno utilizzare la Ppc (la sponsorizzazione *Pay Per Click* su Amazon) a dovere come invece insegno io in modo efficace e senza alcuna possibilità di sbagliare.

Un qualunque venditore, italiano e più accorto, applicando anche soltanto la metà delle nozioni che trasmetto solo in questo ambito nel mio percorso formativo a pagamento, gli toglierebbe il mercato in men che non si dica.

I miei studenti sono addestrati a competere con venditori italiani esperti e, nonostante questo, vincono comunque. Applicando tutto il sistema, nella sua interezza, conquistano tutto il mercato della nicchia anche se è comandata da brand forti già affermati.

Capisci anche tu che i cinesi non possono proprio nemmeno lontanamente pensare di vincere.

Una cosa sulla quale gradirei farti riflettere è il motivo per il quale un'azienda cinese entra su un marketplace come Amazon Italia. Perché lo fa? Cosa li motiva a farlo? Forse vogliono cambiare modello di business?

La risposta è assolutamente no. Non vogliono cambiare modello di business, l'azienda cinese prospera vendendo i suoi prodotti in tutto il mondo tramite Alibaba e tramite la rete di clienti che si è costruita negli anni. Quello è il suo *core business*.

Ma allora perché vendono su Amazon "in casa nostra"? Semplicemente perché sono intelligenti. Perché, all'alba del 2021, non si può pensare di non essere ovunque.

Non è sbagliato sfruttare ogni canale possibile per aumentare le nostre vendite, anzi. Quello è il nostro focus principale. È il motivo per il quale vendiamo su Amazon. È il motivo per il quale iniziamo a vendere qui per poi sfruttare ogni tipologia di strumento per aumentare e scalare sempre di più i nostri fatturati.

Questo è il nostro ruolo come imprenditori. Far crescere sempre di più i nostri fatturati e aumentare il più possibile i margini così da gratificare sempre di più gli azionisti della nostra azienda.

Quello è lo scopo. Il vero "perché" siamo stati spinti a creare la nostra azienda: fare più soldi.

E se non hai azionisti nella tua azienda? Allora l'azionista unico sei tu e il tuo dovere, e bada bene ho parlato di "dovere" che è quello di incrementare sempre di più i margini e il profitto aziendale.

"Non si applica il marketing a questo business."
Questo è il pensiero più giusto per perdere ancora prima di cominciare. Vi è una confusione ancestrale per la quale se non devi occuparti dell'acquisizione giornaliera di nuovi clienti, allora non puoi fare marketing.

Infatti, è vero che non ti devi "sbattere" e investire migliaia di euro ogni giorno per fare la *lead generation* (ossia trovare clienti e per pubblicizzarti) perché entrerai di diritto, e per di più a gamba tesa, nel più grande parco clienti mai esistito per un ecommerce: Amazon.

È anche vero che dovrai utilizzare il marketing per rendere il tuo prodotto attrattivo, per creare la tua Usp (*Unique selling proposition*, o in italiano il tuo angolo d'attacco forte sul quale basare la tua comunicazione per vendere), per comunicare nella maniera corretta conoscendo l'identikit del tuo cliente potenziale e per educarlo all'acquisto di nuovi prodotti (o servizi perché no) anche portandolo fuori dalla piattaforma Amazon.

Non dobbiamo confondere i vantaggi che abbiamo con il

marketing. La *lead generation* è uno dei vantaggi più incredibili che abbiamo a disposizione. Chiedete a qualunque commerciante o imprenditore se non sarebbe felice se ogni giorno migliaia e migliaia di persone potessero entrare nel suo negozio pronte a comprare.

La *lead generation* è il problema che uccide i commercianti: troppe poche persone fanno visita al negozio e hanno pochi clienti.

Vorrei mostrarti un estratto di articolo in cui si evince il numero esorbitante dei clienti di Amazon e poi dimmi se pensi che possa essere un problema.

"Il 2019 di Amazon si conclude nel migliore dei modi: sia l'ultimo trimestre sia l'anno completo hanno evidenziato una sostanziosa crescita rispetto all'anno precedente. Ma forse il dato che colpisce di più è quanto sia cresciuto il numero di abbonati Prime: ora siamo a quota 150 milioni, e vuol dire che in meno di due anni si sono aggiunti ben 50 milioni di nuovi utenti".

Questo estratto è del gennaio 2020, ovvero prima del *lockdown*, che, come hai già letto, ha dato una spinta verticale al colosso e ha contribuito a renderlo ancora più immenso. Questo è il sogno di chiunque.

Chiunque voglia acquistare prodotti è già educato a comprare su Amazon, si fida di lui e quindi si fida anche di voi. L'unica cosa che dovrai fare sarà mettere il tuo prodotto in bella vista, utilizzando parole chiave corrette e, quando il potenziale cliente andrà nella barra di ricerca per cercare quello di cui ha bisogno, apparirai tu con la tua prosperosa attività.

Detto questo il marketing è un aspetto fondamentale. Spendo decine di migliaia di euro ogni singolo anno per imparare sempre nuove strategie da applicare al mio business su Amazon per poter essere sempre presente e aggiornato per i miei studenti.

È ciò che fondamentalmente fa la differenza sia per me sia per i miei studenti. Come cultura aziendale ho dei pilastri molto rigidi e sono il cardine nel suo funzionamento. Chiunque faccia parte della mia azienda, come collaboratore o come dipendente, deve seguire la mia filosofia: formarsi sempre. In ogni ambito, non ci soffermiamo al livello basico come fanno tutti, ma andiamo in profondità, e per poterlo fare dobbiamo investire continuamente in ogni novità del mercato.

Non dimentichiamoci che anche il *copywriting* è alla base del marketing perché il cliente leggerà quello che noi vorremo fargli leggere. L'obiettivo di un buon copywriter è quello di far innamorare il cliente del nostro prodotto e, mentalmente, annullare tutti i competitor, cliccando "acquista ora", senza pensarci troppo.

Poi, faremo azioni di *follow up* per fargli fare acquisti ripetuti o proponendogli *up sell* e *cross sell* per aumentare il ticket medio per ogni nostro cliente, ossia la sua spesa.

I miei studenti diventano veri e propri strateghi. Quindi la risposta è: non è fondamentale applicarlo ma se lo fai, e anche bene, seguendomi, ti assicuro che smetterai di giocare al campetto… Inizierai a giocare la vera Champions League.

"Sono troppo giovane/sono troppo vecchio."

Rispetto a chi o a che cosa? Si tratta solo di fare il salto dalla scogliera, prendere la rincorsa, trattenere il respiro e… Farlo!

Confucio diceva che il momento migliore per piantare un albero era vent'anni fa. Il secondo momento migliore è *ora*.

Non è mai troppo presto per incominciare a vivere la vita che sogni. In Italia c'è questo luogo comune relativo a chi ha meno di 30 anni: "Eh, ma sei ancora giovane, ne hai di tempo davanti". Poi quando superi i 30: "Eh, però hai già 30 anni, ormai devi pensare a farti una famiglia, e non a quelle favole che raccontano e che non esistono".

Addirittura, dopo i 40: "Eh, ma ormai i giochi sono già fatti, il dado è tratto". Non parliamo poi a 50 o a 60 che idiozie si raccontano le persone.

Beh, non è assolutamente così. Non dipende dall'età, ma dal coraggio e dal trovare la motivazione giusta, abbandonare tutti quei paradigmi pesanti e senza via d'uscita, ma andare a prenderti la vita che meriti! Non usarla come scusa per procrastinare, non c'è una sola ragione logica se la analizzi in maniera distaccata e lucida per pensarlo. Nessuna, e lo sai benissimo.

Colonel Sanders è il miglior esempio tra le persone famose che hanno avuto successo "più tardi" nella vita (anche se è solo una questione di età anagrafica).

Colonel Sanders ha fondato il suo ristorante Kfc (Kentucky Fried Chicken) alla veneranda età di 65 anni e in poco tempo è arrivato a possedere una delle più grandi catene di ristoranti del mondo.

Certo, ha fatto molti esperimenti, ma il suo intento non lo ha mai e poi mai abbandonato anche se tutte le persone che gli erano vicine gli dicevano che era troppo "vecchio" per provarci. Chissà se a posteriori gli direbbero le stesse cose o se invece si sono dovute ricredere.

Di casi simili ce ne sono davvero moltissimi, anzi ti invito a leggere quante più biografie puoi che seguano lo stesso filone di casi studio di successo.

Amancio Ortega a 13 anni ha dovuto lasciare la scuola per andare a lavorare. La sua famiglia era povera, così ha fatto il commesso fino ai 37 anni poi… poi ha fondato "semplicemente" Zara.

Joanne K. Rowling, la scrittrice della saga *Harry Potter*, ha vissuto anni difficili e i suoi scritti sono stati respinti continuamente innumerevoli volte, finché non è riuscita a vendere il suo primo libro di Harry Potter. Attorno ai 45 anni è stata inserita da "Forbes" nella classifica delle donne più ricche del Regno Unito, non si è mai data per vinta.

Catone il censore diceva: "Non smettere di imparare: sia tua cura accrescere ciò che sai. Raramente la sapienza è data dalla vecchiaia".

Se dovessi invece farti esempi di giovani milionari partiti da zero, beh… Ne avrei una quantità incredibile da mostrarti. Anche italiani, anche nel mio mondo, quello della formazione. Ma per quello c'è YouTube e ti invito a verificare soprattutto in America quanti casi studio di milionari *under trenta* "nascono" ogni singolo anno.

"Sono tutte fandonie: perché lo insegni e non ti tieni i tuoi segreti per te?"

A parte che questa domanda secondo il mio modello del mondo è a dir poco assurda, ma rispondo ugualmente dato che mi è stata posta centinaia di volte.

Prima di risponderti però vorrei farti alcune domande: perché ci sono allenatori che ti insegnano a fare boxe? Sono appassionato di sport da combattimento da sempre e il pugile più pagato al mondo (Floyd Mayweather) allena anche altri atleti. Perché lo fa? Perché dovrebbe insegnare loro le sue tecniche per poi crearsi dei competitor nella sua categoria che potrebbero prenderlo a pugni in faccia?

Perché esistono gli istruttori di pesca? Più pescatori ci sono meno pesci dovrebbero prendere loro giusto? Sappiamo entrambi che non sta già più in piedi questo discorso ma andiamo avanti. Potrebbero benissimo tenersi le nozioni per sé e non diffonderle al mondo.

Sentimentalmente, *in primis*, lo faccio molto banalmente perché mi piace. Amo insegnare ed è quello che mi appaga più di ogni altra cosa. Mi rende felice vedere persone che mi sono grate per l'opportunità che mostro loro, la possibilità di cambiare radicalmente vita ed essere liberi finanziariamente e nel mio "piccolo" contribuire a un mondo migliore.

"Ma allora perché ti fai pagare se lo fai per passione?" Premettendo che potrei risponderti a questa affermazione nella stessa maniera con la quale abbiamo risposto prima ovvero: "i porno attori lo fanno ovviamente per passione, sei d'accordo? Perché allora si fanno pagare?".

Però vorrei approfondire l'argomento perché è interessante. Ci sono alcuni motivi per i quali mi faccio pagare. Il punto primo è che se sei davvero bravo a fare qualcosa è corretto farsi pagare per rispetto al valore che ha il tempo.
Il punto secondo è che se le persone non pagano non è possibile aiutarle. Purtroppo, l'uomo per sua natura sminuisce il *gratis* o il "cheap". Una cosa che ho imparato sulla mia pelle è che senza un impegno economico nessuno può ottenere risultati.

Hai mai fatto caso che non esistono imprenditori di successo che abbiano avuto risultati scaricando i corsi piratati per esempio? Io nel mio piccolo cerco, economicamente parlando, di aiutare davvero le persone in difficoltà.

Ho deciso di inserire appositamente un numero verde gratuito per queste problematiche che è 800.56.17.17 proprio per aiutare le persone che hanno difficoltà economiche. Ho implementato rate, offerte e pacchetti personalizzati per ogni tipo di richiesta.

Ovviamente tutto questo a fronte di un reale interesse e di una vera voglia di migliorare la propria vita e di creare qualcosa. In passato ho regalato il corso ad alcuni miei amici che erano in difficoltà. Il risultato? Non lo hanno mai nemmeno guardato. Tutti, nessuno escluso.

Se non sei disposto a pagare il prezzo per avere successo nessuno potrà mai aiutarti, nemmeno io. Il cambiamento, il sacrificio, lo sforzo devono nascere da dentro di te, non può essere un movimento dall'esterno. Questo è il motivo per il quale coloro che vincono al Superenalotto tornano più poveri di prima entro 5 anni, dati alla mano.

Il terzo punto invece è che è un altro *stream of income*. Il *branch* aziendale dedicato alla formazione mi porta un reddito aggiuntivo, se pur di gran lunga minore rispetto a quello del mio business principale che è la vendita su Amazon.

L'allusione di questa domanda è intrinseca al: "perché ti porti competizione nel tuo di business?". La base su cui poggia questo dubbio è che molti pensano che questo mondo sia "esauribile".

Non è così. Nessuno è in grado di saturare questo modello di business perché i prodotti sono talmente tanti che non vi è nemmeno la più remota possibilità.

Inoltre, il livello di competizione, specie nel mercato italiano, è ridicolo. Moltissimi non sanno neppure cosa stanno facendo e non hanno nemmeno una vaga idea di come si costruisca un'azienda davvero profittevole che porti fatturati annuali considerevoli.

Quindi, per quanto posso impattare sul mercato italiano con le mie aziende, non riuscirò mai a portarlo a saturazione, nemmeno con la diffusione dei miei insegnamenti.

Ma vorrei aggiungerti un ultimissimo punto a cui tengo particolarmente. Sapete cosa mi ha fatto prendere la decisione di insegnare il business e tutti i trucchi del mestiere? La gratitudine.

Io, *in primis*, sono grato di avere avuto la possibilità di studiare, imparare e applicare queste *skills* e quindi penso che sia giusto restituire gli insegnamenti che mi sono stati dati anche a te che stai leggendo questo libro.

"Si devono comprare solo merci Made in China."
No, la Cina è sicuramente la meta esotica più gettonata ma ci sono anche altri marketplace che addirittura costano anche meno con la stessa identica qualità. Potresti addirittura altresì optare, come differenziazione, per il Made in Italy.

La Cina è la destinazione più richiesta perché facile da raggiungere. Moltissime fabbriche sono su Alibaba, tutte alla distanza di un click. Mete come l'India, il Pakistan, l'Uzbekistan, il Vietnam, l'America e via dicendo sono sicuramente più complesse da raggiungere perché, così come le fabbriche europee, non hanno un sito dedicato come Alibaba.

"Si deve andare fisicamente in Cina per trovare i prodotti che venderò."

Potresti farlo, come visita di piacere però… Non come dovere. Io non sono mai andato in Cina. Non serve assolutamente a nulla. Non avrai vantaggi economici nell'andare fisicamente là perché dovresti considerare il costo del viaggio e della permanenza come un costo da "spalmare" nel tuo prossimo ordine.

Per vedere i prodotti chiediamo un "Sample" ovvero un prodotto test che ci manderanno a casa in circa 7 giorni gratuitamente (pagando solamente la spedizione veloce, approssimativamente 40$).

Con i mezzi online a cui i proprietari delle fabbriche sono già abituati, non è necessario andare a contrattare fin lì. Lo puoi fare benissimo anche tramite la tua email o più comodamente su WhatsApp.

Parliamo di creare un'azienda smart, quindi agiamo in maniera intelligente senza troppi sforzi e tenendo sempre al minimo sindacale i costi.

Molti miei "colleghi" vendevano servizi per andare in Cina, spennando i malcapitati, pontificando che andare al mercato di Yivu fosse quasi necessario per fare questo business seriamente. Facevano viaggi di una settimana dove si riunivano tutti per prendere il prodotto meno costoso. Dopo il Covid-19 nessuno più ne parla, perché? Perché era solo una trovata becera per prendere soldi agli studenti ingenui.

Sì, perché ammesso e non concesso che potresti prendere prodotti a costi leggermente inferiori rispetto ad Alibaba dato il potere contrattuale di essere di persona, quello che non si tiene in considerazione è il costo di un viaggio in Cina: il volo, lo spostamento in loco, vitto e alloggio.

Per fortuna il virus ha messo la parola fine a questa idiozia che per anni ha tolto soldi inutilmente a persone in buona fede per metterli nelle tasche di "Guru" e "professionisti" vari.

"Ho zero controllo su Amazon e sul business stesso."
Non hai controllo sulla logistica ad esempio. E questo in realtà non vorresti averlo.

Il commercio è in continua progressione e sviluppo; ogni mese si aggiungono nuovi prodotti e mercati. Ammesso e non concesso che non si possa controllare l'andamento del mercato o che venga abolita quella categoria, non importa.

Indipendentemente da quello che potrà accadere devi adottare l'elasticità mentale tipica di ogni imprenditore: avere ogni cosa sotto controllo al 100% è impossibile, ma puoi fare di tutto per prepararti sempre e nel migliore dei modi per essere pronto alle evenienze.

Le contrazioni, le crisi, lo stesso *lockdown* non sono possibili da prevedere, quindi, possiamo solo gestirli e arginarli dal momento in cui arrivano.

Quello che tu, nel tuo piccolo, puoi fare, è diventare elastico e "adattarti" ai cambiamenti inevitabili che la vita ci mette dinnanzi.

Difatti, ti consiglio anche di espanderti in più mercati e categorie, dopo che ti sei affermato in Italia, in modo tale che se dovesse succedere qualcosa in un Paese, o per un prodotto o una nicchia, hai anche altre entrate da altri marketplace.

Questo è il pilastro su cui si fonda l'educazione finanziaria: avere più gambe su cui poggiare il proprio tavolo in modo che, qualora dovesse "caderne" una, hai le altre 3 su cui poggiarti.

Detto questo, realisticamente parlando, non è mai capitato da quando Amazon esiste che eliminasse una categoria nella quale c'è mercato. Non una singola volta. Sono paure immaginarie di chi deve trovare scuse per non iniziare mai.
Ogni azienda digitale "dipende" da almeno un colosso: o Amazon o Google o Facebook. Se avessi un altro business per trovare clienti dovresti usare il traffico a pagamento di Google e Facebook.

E se ti dovessero bannare l'account con cui crei le campagne pubblicitarie? Specialmente Facebook è diventato come giocare a "prato fiorito" bendati e ubriachi. La mina è sempre pronta a esplodervi sotto i piedi.

Amazon, però, a differenza delle altre due piattaforme è la più grossa e quella con una crescita più rapida. Perché mai Amazon dovrebbe chiudere una categoria?! Al massimo ne apre di nuove!

Capitolo 6:
Case History

Ormai a questo punto del libro mi conosci, sai che mi piace parlare con i fatti e non intavolare sproloqui fatti tanto per fare. Per questo motivo il capitolo che andremo ad affrontare insieme sarà molto pratico perché la domanda sorge spontanea: "Ok, mi hai raccontato come funziona e parte dei tuoi segreti. Ma al netto della questione, i tuoi studenti guadagnano oppure no?".

Questa è un'osservazione legittima e molto intelligente da porre, per questo ho raccolto alcuni casi studio di successo dei miei studenti.

Fallou – Ex Magazziniere che in 3 settimane ha iniziato a fatturare 8.000 euro al mese. Da magazziniere con uno stipendio di 900€ al mese a una rendita passiva di 3k netti in appena 1 mese, e ora… il mio braccio destro!

Fallou lavorava come magazziniere per una grande ditta e, nel tempo libero, faceva network marketing. Dopo aver svolto per più di un anno network e, avendo dedicato decine di ore al mese a questa attività, senza aver ottenuto nessun risultato, è rimasto incuriosito dai primi risultati che pubblicavo anni fa costantemente su Instagram (puoi ancora trovarli sul mio profilo Instagram @therealmitch93).

Ha deciso di abbandonare l'azienda di network per la quale lavorava quando non era in magazzino e si è fatto seguire personalmente da me.

All'epoca non c'era ancora il video corso Fba Evolution, sfortunatamente per lui, quindi ha scelto la strada più costosa: un percorso guidato step by step di consulenze private.

Il pacchetto era molto costoso perché dovevo spiegargli da zero ogni singola cosa ma questo non lo ha fermato dal volersi formare. In realtà inizialmente aveva provato da solo, aveva acquistato un video-corso da pochi euro da un formatore italiano, ovviamente non era riuscito nemmeno a trovare il prodotto con quelle informazioni.

Dopo 3 mesi di ricerche si era rassegnato al fatto che, se voleva avere successo, avrebbe dovuto investire molti soldi nella sua formazione (ripetiamo: non esisteva ancora il video-corso).

Così, Fallou acquista un percorso 1 to 1 da 8 consulenze. Mi ricordo benissimo che l'ho aiutato dalla scelta del prodotto fino all'immissione nel mercato italiano. Tuttavia, durante il lancio non aveva seguito le mie indicazioni e aveva spinto troppo nel lancio.

Un giorno mi ha chiamato totalmente in panico dicendomi che aveva fatto di testa sua, ignorando quello che gli avevo detto perché pensava che il prodotto sarebbe andato ancora meglio e che mi avrebbe impressionato.

Mi sono arrabbiato parecchio con lui, lo ammetto: il mio obiettivo era sempre quello di portare gli studenti personalmente al risultato. So cosa fare, cosa funziona e cosa non funziona, fare di testa sua stava minando la promessa che gli avevo fatto.

Nonostante la parcella oraria che avevo (circa 1.000€ l'ora, all'epoca), avevo il calendario pieno di appuntamenti per consulenze da parte di studenti di altri "formatori". Tutti non si capacitavano dei risultati che stavo ottenendo ed era ormai evidente che sapevo cose che nessun altro sapeva.

Quindi la scelta di Fallou di non ascoltarmi era stato un affronto non da poco nei miei confronti. Volevo fargli raggiungere i risultati che sognava ma per farlo avrebbe dovuto semplicemente fare una cosa: ascoltare quello che gli dicevo e farlo esattamente in quel modo.

Gli dissi: "Mi hai detto che vuoi licenziarti dal tuo lavoro. Mi hai detto che lo odi e che ti fa schifo la vita che fai (lavorativamente parlando).

Ascoltami bene perché non te lo ripeterò: ti farò licenziare e ti farò raggiungere i 3k al mese netti che ti sei prefissato ma dovrai fare una cosa: farai tutto quello che ti dirò di fare. Non mi interessa cosa pensi, se pensi che sia sbagliato o stupido…

Non mi interessa. Se mi prometti che farai tutto quello che ti dirò di fare ti prometto che arriverai dove vuoi. Caso contrario, te lo dico subito, ho altro da fare. Ho moltissime persone da seguire, persone che vogliono davvero cambiare la loro vita.

Quindi, che questa sia la prima e ultima volta che fai di testa tua nonostante non sia l'indicazione che ti ho dato.

Se vuoi continuare così fai come vuoi, è una tua scelta, ma fallirai e lo farai da solo. Non ti sarò testimone di questo perché non sarò il tuo complice. Mi paghi per essere sincero con te e per dirti le cose come stanno, giusto?

Se adesso non mi dici che farai esattamente tutto quello che ti dirò di fare ti restituisco tutti i soldi e ti lascio al tuo destino. Non voglio questi soldi e non voglio studenti così.

Ti assicuro una cosa però: se mi ascolterai ti potrai dimettere dal tuo lavoro entro 60 giorni da oggi e raggiungere almeno 3k al mese netti entro questo periodo, per poi iniziare a scalare questo business in completa autonomia. Fino ad allora però seguirai solo quello che ti dirò di fare o il nostro rapporto lavorativo finisce ora".

A quelle parole Fallou restò zitto per almeno 1 minuto. Non si aspettava quella risposta da me, avevo capito che lui aveva compreso l'errore e non lo avrebbe più ricommesso. Alla fine, la risposta fu: "Ok, ormai il dado è tratto, ho fatto una stupidaggine, scusa, ricominciamo da qua".

Il giorno dopo abbiamo fatto una consulenza con estrema urgenza per controllare tutto quello che aveva fatto "di testa sua". Un disastro. Il packaging era stato fatto grossolanamente, l'annuncio sembrava fatto da un bambino di 5 anni e non c'erano le etichettature corrette.

Ho dedicato 2 ore di lavoro estenuante per risolvere ogni problema ma finalmente ce l'avevo fatta, ora era solo il momento di importarlo e venderlo.

Dopo questo inciampo, nel primo mese, è comunque riuscito a fatturare 8k con un margine netto di circa il 45%. Posso dire che ho mantenuto la mia promessa, anticipando anche di 30 giorni le sue dimissioni.

Nei mesi successivi ha incrementato notevolmente il suo fatturato, triplicando i fatturati dopo ulteriori miglioramenti trasmessi nel periodo delle consulenze.

Dopo 4/5 mesi era davvero diventato bravo. Seriamente, non sono una persona facilmente impressionabile o particolarmente propenso a fare complimenti, eppure Fallou mi aveva stupito.

Dopo questo periodo di 5 mesi, in cui aveva continuato a scalare il business con nuovi prodotti, ho preso una decisione: avevo bisogno di un aiutante per iniziare a delegare il settore aziendale della vendita su Amazon… Chi meglio di Fallou per aiutarmi?

Gli ho fatto un ulteriore training, gli ho dato libero accesso a tutte le informazioni interne alla mia azienda e, in pochissimo tempo, è diventato uno dei migliori studenti che avessi mai avuto.

Ha imparato tutte le strategie e le competenze per diventare un venditore top di Amazon. Ora segue personalmente molti dei miei studenti, sia per passione sia per "restituire" quello ha avuto lui dalle consulenze.

Alex e Lorenzo – Imprenditori su Amazon partiti da zero. Dall'orlo del fallimento al miracolo dei 1.000€ al giorno!

Alex e Lorenzo sono anch'essi ex corsisti di un altro formatore italiano. La loro prima esperienza è stata semplicemente… disastrosa: a fronte d'ingenti investimenti hanno ottenuto risultati a dir poco imbarazzanti.

Parliamo di appena 1000€ di fatturato lordo al mese con un margine netto inferiore al 30%, possiamo dire che coprivano a dir poco le spese.

Tutto quello che pensavano di sapere era assolutamente errato. Per loro fortuna seguivano entrambi Alfio Bardolla sui social e, dopo aver scoperto che lo stesso mi aveva chiesto di fare una società assieme a lui, hanno deciso di affidarsi alla mia azienda come ultima via di salvezza.

Quella scelta ha cambiato completamente il loro business. Ricordo che mandarono un'email ad Alessia, la nostra "vecchia" segretaria (che ringrazio e ricordo ancora caramente).

Dal quadro che mi avevano posto davanti agli occhi, Alessia mi contattò immediatamente dicendomi: "Michele, questa cosa non so come potrai risolverla. È la situazione più critica che io abbia mai visto".

La feci vedere anche a Fallou che iniziava in quel momento a fare formazione al mio fianco, 24 ore al giorno. La sua faccia disse tutto, ci viene ancora oggi da sorridere quando ne riparliamo. Era assolutamente stupefatta, attonita, pietrificata. L'unica cosa che uscì dalla sua bocca fu: "Rifiuti la consulenza, vero? Non c'è niente da fare qua…".

Non ci avevo pensato nemmeno per mezzo minuto, così ho scritto ad Alessia su WhatsApp: "Accettala, chiedi tutti questi dati, fammeli avere in giornata e fissa un appuntamento per settimana prossima a quest'ora. In 7 giorni ci lavorerò e analizzerò il problema".

Forse sono stato folle ma sapevo che potevo farcela. Dio solo sa quanto abbia lavorato a quel caso. Facevo le nottate a lavorarci sopra per farmi venire delle idee, dovevo fare un miracolo, non c'era altro modo per descrivere quell'impresa.

Il prodotto era sbagliato, la nicchia era sbagliata, le recensioni erano sbagliate, le foto erano sbagliate, il brand era sbagliato e perfino la descrizione era sbagliata. Un disastro.

Ho accettato perché quel risultato non era colpa loro. Era colpa di informazioni sbagliate che avevano ricevuto. Erano stati truffati e io volevo risolvergli il problema, a costo di lavorarci giorno e notte io gli avrei sistemato quel disastro.

Sono stato onesto e schietto a inizio consulenza: "C'è da rifare completamente tutto da zero". Quello che gli avevano insegnato era sbagliato e il risultato era un bagno di sangue. Continuare su quella strada li avrebbe portati al fallimento nel giro di qualche settimana, non c'era tempo per giri di parole.

Hanno deciso quindi, con molta umiltà, di comprare il mio video-corso per iniziare finalmente ad attuare le vere strategie efficaci e dare un cambio di rotta drastico. Devo riconoscere che sono stati davvero bravi e in gamba, nella loro situazione non so quanti avrebbero continuato a lavorare e a crederci in questo progetto.

Si sono messi a lavoro fin dalla notte stessa per studiare e modificare tutto quanto stavano sbagliando.

Dopo appena una settimana dalla prima consulenza e dall'acquisto del nostro video-corso, Alex e Lorenzo, con immensa sorpresa, mi hanno taggato in uno screenshot di una dashboard: avevano ottenuto più di 1000€ in un solo giorno… Hai capito bene, in un solo giorno.

Il miracolo si era compiuto! La magia era stata fatta, anche questa volta.

Alessio – Imprenditore.
Lamentarsi durante il *lockdown*? No, grazie, meglio fondare un'azienda che in 2 settimane genera oltre 1700€ al giorno.

Alessio, avendo già un'attività che opera nel settore immobiliare, ha deciso di investire anche in questo business, per diversificare le sue entrate. Ha acquistato il mio video-corso all'incirca nel febbraio 2020, poco prima del *lockdown*.

Quando poi è avvenuto, anziché trascorrere il suo tempo a fare balletti su TikTok, cantare sul balcone o lamentarsi, ha deciso di investirlo creando un'azienda che vende prodotti online su Amazon.

Il risultato è stato incredibile, specie nel contesto e nella modalità in cui è stato generato: ha iniziato la sua attività di commercio durante il periodo di chiusura mondiale. Capisci il paradosso?

Mentre tutte le attività di commercio tradizionale erano in crisi perché non potevano aprire le loro saracinesche, Alessio è riuscito a creare la sua azienda online e raggiungere fatturati assolutamente degni di nota.

Dopo appena una settimana dal suo ingresso sul mercato ha macinato numeri da capogiro: più di 1.000€ al giorno senza avvalersi della pubblicità e del lancio del prodotto.

Non si aspettava nemmeno lui così tante vendite: ogni giorno vendeva tra gli 80 e i 100 prodotti fino ad arrivare, di lì a pochi giorni, a 1.700€ di fatturato giornaliero.

Penserai che ti sto raccontando questa storia per farti notare il guadagno giornaliero da capogiro, invece no. La cosa interessante di questa storia è il come è riuscito a farlo. Alessio, essendo un vero e proprio imprenditore, ha deciso di delegare completamente tutte le operazioni, in quanto era consapevole che non avrebbe avuto poi il tempo, una volta che tutto fosse ripartito, di gestirlo nella maniera ottimale.

A prescindere da questo è sempre saggio avere già la visione di incaricare terze persone che lavorino al posto nostro. Il nostro scopo è di renderci inutili alla nostra azienda e trattarla come una *Cash Cow* il più possibile. Alessio lo ha fatto dall'inizio e questo è stata, nel suo caso, una scelta assolutamente lungimirante.

Infatti, come detto, questo business è totalmente automatizzabile e delegabile in ogni singolo aspetto; puoi decidere di iniziare subito o in seguito ma ti consiglio di prendere in considerazione questa possibilità già da subito se hai la disponibilità economica per farlo.

È vero che non tutti avranno la possibilità di iniziare questo business con un collaboratore o un socio operativo ma sicuramente la tua visione futura dovrà essere quella di dedicarti all'espansione non al lavoro tecnico.

Mattia – Nomade Digitale.
Da 1.000€ al mese a vivere con la valigia sempre pronta, in giro per il mondo…

Mattia si è laureato in economia e marketing con il voto di 107. Subito dopo l'università ha trovato un lavoro da dipendente in un ufficio marketing. Guadagnava molto bene per lo standard italiano, i soldi non erano un problema per lui.

Quello che gli mancava era il tempo per se stesso. Una cosa, tra le tante, che gli provocava frustrazione era non riuscire a trascorrere tempo di qualità con la sua ragazza. Non riusciva più a uscire con i suoi amici, godersi i suoi hobby, perché era spesso troppo stanco dopo le lunghissime giornate di lavoro che, a volte, arrivavano anche a durare 10 ore.

Di certo questo non era lo stile di vita che avrebbe voluto, soprattutto dopo gli eccezionali voti all'università e tutti gli anni che aveva dedicato a studiare. Così, parla alla sua ragazza del mio video-corso e decidono insieme di investire in un nuovo progetto che avrebbe potuto migliorare la loro vita.

Nonostante la stanchezza del lavoro, quindi studiando anche fino a notte fonda, sono riusciti, dopo poco più di 1 mese e mezzo, a fare il primo ordine. Dopo un mese e mezzo di ricerca avevano trovato il prodotto perfetto per loro e lo hanno immesso sul mercato con risultati prodigiosi. Dopo 5 settimane, erano anche loro arrivati a 1700€ al giorno e da lì a qualche mese erano arrivati a stabilizzare il loro business a quota 40k al mese.

Va da sé che hanno deciso finalmente di lasciare il lavoro e dedicarsi full time a scalare questo business. Ora, Mattia vive con la valigia sempre pronta. L'ultima volta che mi ha scritto per ringraziarmi era a Bali con la sua ragazza che gestivano il loro business in costume dalla spiaggia.

Oggi hanno deciso di approdare in nuovi mercati, vendendo anche in Europa. Stringere i denti e fare due lavori per qualche mese ha dato, a lui e alla sua dolce metà, la possibilità di vivere la vita che volevano in totale libertà.

Mi sembra anche inutile dire che è felice di aver realizzato il suo più grande sogno, "lavorare" viaggiando, in un'attività che gli permette di farlo ovunque nel globo.

Capitolo 7:

Il Segreto della Ricchezza

Questo capitolo non doveva esistere in questa forma. Lo sto scrivendo con gli occhi lucidi, la tastiera del computer è inumidita dalle lacrime e, affianco a me, ci sono montagnette di fazzoletti usati. Non sicuramente un'immagine potenziante per un imprenditore… Ma tant'è.

Durante la stesura delle ultime righe di ringraziamento, nel mentre che le rileggevo ad alta voce per apporre le ultime modifiche, mi sono messo a piangere. Ero a casa del mio migliore amico, colui con il quale sono partito e, chiaramente, gli stavo leggendo le ultime pagine del libro per renderlo partecipe di questa cosa.

Ci siamo guardati in faccia, ognuno vedeva gli occhi dell'altro gonfi dal pianto e un'emozione fortissima al petto, come se entrambi avessimo ricevuto l'un l'altro un montante alla bocca dello stomaco niente po' po' di meno che da Mike Tyson.

Da lì un abbraccio fraterno, quanta strada che avevamo fatto. Un altro sogno nel cassetto si era realizzato per me, avevo appena finito l'ultima pagina del mio primo libro.

Ma non stavamo piangendo per quello. Assolutamente no, in realtà ci eravamo commossi per tutt'altro. Quell'emozione era per tutte le persone che avevano contribuito a tutto questo.

Come al solito quando mi capitano situazioni apparentemente ingiustificate mi viene da chiedermi: "Come è possibile che un'emozione così forte mi abbia colpito in un modo così repentino e improvviso?".

Ci è voluto davvero poco per razionalizzare la motivazione che aveva portato a tale comportamento. La ragione andava cercata in uno dei miei valori più profondi: la gratitudine.

Prima però di svelarti cosa ho scoperto riguardo la gratitudine, vorrei farti leggere con i tuoi occhi cosa ha portato al ragionamento che ti farò successivamente.

Affinché tu possa capire appieno quanto dirò, voglio farti fare un esercizio che ti aiuterà ad apprendere in maniera profonda uno dei concetti più importanti di questo libro. Ti farò leggere lentamente i miei ringraziamenti con alcune semplici modalità.

Ci sarà infatti una regola e basta che dovrai assolutamente seguire mentre leggerai le righe seguenti. Questa regola è molto, molto semplice.

Voglio che oltre a leggere attentamente e in maniera profonda queste poche righe tu ti prenda preventivamente una pausa e incominci l'esercizio che ti proporrò. "Ma come? Ormai mi hai messo curiosità! Dai fammi leggere subito!".

Potresti, ma così facendo non riusciresti ad assimilare questo concetto tanto semplice quando profondo e di valore. Voglio che, prima di affrontare i ringraziamenti, tu faccia una cosa.

Riponi il libro. Ricordi la mia storia, vero? Allora chiudi gli occhi. Immagina di essere me. Ti invito a fare tre respiri profondi, intensi, controllati. Immagina tutte le difficoltà, tutte le avversità che ho dovuto superare, e immagina che questo sia il tuo primo libro.

Immagina di raccontare la tua storia e immagina anche tutte le persone che ti sono state vicine, quelle che hanno creduto in te. Immagina di ricordarle e ringraziarle personalmente una per una. Immagina adesso che queste righe che leggerai siano i tuoi personali ringraziamenti, non i miei.

Voglio che tu prima di leggerle sia pronto, sia entrato dentro il mio personaggio, voglio farti vivere quell'emozione che ho provato io (e che sto provando ora) per insegnarti una delle cose più belle che la vita possa insegnarti: proprio la gratitudine. Per farlo però devi vivere un'emozione. Quindi, quando sarai pronto, preparati a questo esercizio e lasciati andare nella lettura.

Il primo ringraziamento va indubbiamente al mio amico, socio e mentore, Alfio Bardolla. Grazie per la prefazione, per i tuoi consigli, per le cene, per le risate, per aver creduto in me, per le "bastonate" che mi hai dato, che mi dai e che mi darai in futuro.

Grazie per quello che fai per tutti. Grazie dell'opportunità, grazie per aver creato la Wake Up Call, grazie per la tua ospitalità, grazie per il tuo tempo, grazie per aver preso la decisione di divulgare il tuo messaggio, grazie per avere scritto dei libri che hanno cambiato la mia vita e grazie per la tua amicizia.

Per me è un onore poter lavorare con te, con la stella polare del business italiano, Grazie Alfio!

Grazie a tutto il mio staff. In particolare, vorrei ringraziare Fallou Diakhoumpa. Grazie per esserci sempre, per aver creduto in me quando ancora ero "neonato" nell'ambito business, grazie per quello che fai.

Sei diventato una delle persone più importanti nella mia vita, sei un amico e ti voglio bene come se fossi un fratello. Grazie per questo ultimo anno, per tutte le cene, i consigli, le esperienze.

Grazie per dare sempre supporto ai miei studenti che sono

diventati di conseguenza anche i tuoi. Grazie per essere sempre al mio fianco nonostante tutto.

Grazie a Gabriele Bassoli. Grazie per non averci mai pensato due volte quando ho avuto bisogno di te. Grazie per esserci sempre stato, per non esserti mai tirato indietro. Grazie per la quantità (e per la qualità) di lavoro che hai sempre fatto.

Grazie per rispondere sempre alle persone che chiamano il numero verde gratuito 800.56.17.17, a qualunque ora, in maniera professionale e per dedicare il tuo tempo a supportare sia i miei studenti sia a consigliare in modo etico le persone che stanno per approcciare questo mondo.

Ringrazio Luca Rivieri *aka* Thezero. Grazie per tutto quello che hai fatto per me. Grazie per la collaborazione professionale, grazie per essere sempre disponibile per i miei studenti come Brand Identity Designer e grazie per fare loro sconti in virtù della nostra amicizia.

Lo apprezzo molto, so il backend delle tue parcelle, quindi il ringraziamento è doppio. Grazie per la copertina di questo libro, per le slide del video corso gratuito, per i packaging e i loghi dei brand di Amazon, per la tua amicizia e per aver preso la decisione qualche anno fa di metterti in proprio come me.

Sei il migliore in quello che fai, a livello italiano non ho mai trovato nessuno che si possa avvicinare minimamente alle magie che riesci a fare tu.

Ringrazio davvero con il cuore in mano i miei nonni, Marisa e Franco. Grazie per avermi prestato quei famosi 4.000€.

Senza quei soldi non avrei mai potuto incominciare questo progetto, non sarei riuscito a pagare per le informazioni che mi hanno poi permesso di ottenere quello che ho ottenuto e di creare quello che ho creato.

Grazie per aver investito su di me, per avere creduto in me quando ero soltanto uno studente universitario che aveva solo un sogno e dei buoni propositi in mano ma nulla in tasca.

Grazie per avermi cresciuto e avermi fatto da "secondi" genitori da quando sono nato. Grazie per aver sempre combattuto le mie battaglie quando ero troppo piccolo per farlo da solo. Grazie per essere sempre stati dalla mia parte e grazie per avermi sempre aiutato e supportato in ogni modo.

Grazie per avermi insegnato dei valori importanti che mi porto dentro e grazie per avere contribuito alla persona che sono diventato.

Grazie a mia mamma Elisabetta e a Beppe per esserci sempre stati quando avevo bisogno di voi. So che non è facile a volte capirmi e accettarmi per il caratteraccio che ho. Grazie per aver creduto in me da (quasi) subito quando ho deciso di partire in questa avventura su Amazon.

Se non lo avessi fatto, questo libro non esisterebbe.

Un ringraziamento speciale va anche a colui che mi ha mostrato per la prima volta questo incredibile business: grazie Kevin David. Grazie per avermi guidato e dato le prime informazioni riguardanti questi business, grazie a te sono riuscito a capire come funzionasse e come avrei potuto farlo funzionare in Italia.

Nonostante il business andasse riadattato al mercato italiano, le tue informazioni sono state fondamentali per avere una mappa e una rotta da seguire.

Grazie ad Alberto Frisoni. Grazie per aver accettato di berci quel caffè a Londra, in quella caffetteria ho conosciuto un amico vero e un ragazzo giovanissimo con delle formidabili capacità imprenditoriali. Grazie quindi per la tua amicizia e per i tuoi consigli. Grazie per la partnership e per la collaborazione delle nostre aziende, stiamo aiutando tantissimi imprenditori e te ne sono grato di avere abbracciato la mia missione.

Grazie per avermi insegnato a non mollare mai un centimetro, a pagare sempre il prezzo prima e per essere stato un mio compagno di avventure negli ultimi anni.

Grazie anche alla mia compagna Chiara Margonari. Grazie per essermi stata così tanto vicino nei momenti difficili, quando stavo male e quando ero felice. Grazie per l'amore che mi dimostri ogni giorno.

Grazie a Massimiliano Allievi e in generale allo Studio Allievi Commercialisti per la collaborazione professionale che ci lega. È un piacere per me poter collaborare con i migliori commercialisti in ambito digitale. Grazie per il servizio che offrite ai miei studenti e grazie per semplificar loro la vita e per consigliarli in ambito legale.

Un ringraziamento doveroso va a Luca De Stefani *aka* Big Luca. Grazie per avermi cambiato completamente i paradigmi sul business e grazie per avermi insegnato il marketing. Senza di te non credo che sarei mai partito con il mio business o, senza alcun dubbio, senza i tuoi insegnamenti non sarei mai riuscito a ottenere così tanti risultati con la vendita di prodotti su Amazon.

Che se ne dica, il marketing in un business dove è necessario vendere è quanto di più importante possa esistere. Ho utilizzato i tuoi insegnamenti per massimizzare il margine e vendere high ticket rispetto alla concorrenza.

Anche grazie a te i miei studenti possono fare lo stesso. Grazie per tutto quello che fai e per i tuoi insegnamenti. Mi hai aperto la mente in maniera incredibile.

Un ringraziamento speciale va anche alla squadra di Infomarketing X, in particolar modo a Gabbo, Mik Cosentino e Pier. Grazie per essermi stati così tanto d'aiuto durante le mie lotte infinite con il ban di Facebook in periodo di lancio.

Grazie per avermi dedicato tempo e pazienza quando più ne avevo bisogno. Mi avete salvato durante il lancio del mio video-corso rendendo possibile i numeri che sono riuscito a fare.

Grazie a Gabbo e Giulia per le cene, i pranzi e per la vostra ospitalità. Grazie per tutti i consigli su come far crescere il mio business di formazione quando ero in seria difficoltà. Siete delle persone incredibili e vi sono davvero grato per tutto.

Grazie a Marco Sepertino e a Pasquale Corvino per l'incredibile lavoro che state e che avete fatto come media buyer. Siete dei professionisti straordinari e vi sono davvero grato per essere parte fondamentale della mia azienda.

Ringrazio in particolar modo Giacomo Bruno e tutto il suo team di Numero 1 per aver reso possibile la creazione di questo libro con la casa editrice Bruno Editore. È un enorme piacere poter pubblicare il mio primo libro tramite una casa editrice così importante e riconosciuta come la vostra.

Ringrazio tutta l'Alfio Bardolla Training Group S.p.a. per avermi dato la possibilità di divulgare la mia attività di business nei loro eventi di formazione del ramo aziendale Internet Royalties. È stato un onore poter parlare su un palco così importante come il vostro, grazie per l'invito e grazie ancora a Giacomo Bruno per l'accoglienza, le belle parole e il supporto.

Un Enorme Grazie va a tutti gli studenti. Grazie per aver creduto in me e nella mia azienda, per avermi dato fiducia. Facciamo tutti il nostro massimo ogni giorno per supportarvi e per portarvi al risultato e siete *voi* che mi date la forza per andare avanti nonostante le mille difficoltà che ci possono essere in questo business di informazioni.

Non mollate mai e lottate con le unghie e con i denti per prendervi la vita che avete sempre sognato. Se è vero che i sogni sono desideri, i desideri sono pianificabili, se li pianificate diventano obiettivi e gli obiettivi sono raggiungibili tramite una strategia. Non sarà facile, ma siate disposti a combattere sempre per quello in cui credete.

Ringrazio Jeff Bezos per aver creato Amazon e per aver reso possibile questo meraviglioso modello di business che ogni giorno cambia la vita alle persone più disparate.

Grazie Egon Jechel, grazie per essere sempre al mio fianco come un fratello. Lavorativamente parlando abbiamo preso strade diverse ma questo non ha fatto altro che rafforzare ancora di più il nostro rapporto personale. Grazie per avere iniziato questo percorso insieme a me, grazie per le emozioni che abbiamo potuto vivere insieme.

Grazie per aver messo sempre al primo posto la nostra amicizia e per non essertene mai dimenticato. Grazie per questi 15 anni di amicizia. Grazie per essere parte della mia storia e per essere stato parte così fondamentale della mia vita. È un onore e un privilegio enorme avere un amico vero come te, in pochi hanno questa fortuna.

Spero tu abbia potuto percepire anche solo un decimo dell'emozione che sto provando nello scrivere sulla tastiera questo insieme di lettere e spazi, con la sola e unica speranza che potessero essere lette. Che gli potesse essere reso giustizia per il valore che io gli attribuisco.

Ora che hai letto attentamente sei pronto per capire il vero segreto per avere una vita ricca e voglio chiarirti subito un concetto fondamentale che non vorrei fosse frainteso. Te lo chiarirò con una brevissima storia, perché le storie ci riescono a fare intendere anche i concetti più complessi, parlando direttamente al nostro cuore.

C'era una volta (sì, lo so, " Mitch, non puoi iniziare una storia con un c''era una volta!'". Hai ragione, ma tutte le storie che si rispettino hanno questo incipit e io mi sento in dovere di rispettare le tradizioni, e del resto… questo è il mio libro e scrivo quello che mi pare! Si scherza, forza). Dicevamo: c'era una volta, in un luogo molto molto lontano, un ricco mercante.

Questo mercante aveva fatto le sue fortune nel commercio, sapeva vendere e sapeva pronunciarsi sempre in maniera efficace e persuasiva, tanto che nessuno era mai riuscito a dirgli un "no" come risposta.

Era davvero il migliore e nella sua città, di cui nessuno ricorda il nome, era una leggenda, un'autorità. Si era comprato pian piano più di mezza città, era davvero bravo con gli affari e, indubbiamente, era il più ricco del suo paese.

Un giorno il ricco mercante incontrò per caso il "Maestro" della città nella piazza del paese. Così veniva chiamato da tutti. Era un signore anziano, ricurvo su se stesso, nessuno sapeva quanti anni avesse in realtà, alcuni sentenziavano che avesse addirittura oltre 300 anni e c'erano davvero molte leggende sul suo conto.

Tutti lo rispettavano e quando avevano bisogno di un consiglio ogni persona si prestava ad andare da lui, nella sua umilissima capanna. Era la persona più saggia alla quale chiedere un parere. Parlava poco, diceva che chi parla tanto in realtà ha poco da dire e che la verità stava in semplici parole.

Quando il ricco mercante lo vide nella piazza non gli ci volle molto per riconoscerlo, la fama del Maestro era almeno quanto la sua.

Così, per fare bella figura agli occhi del popolo, il ricco mercante lo avvicinò e gli disse che gli avrebbe donato una cifra davvero generosa per costruirgli un Palazzo nel quale vivere e un monastero d'oro massello, nel quale avrebbe potuto risiedere per poter aiutare quante più persone possibili in condizioni privilegiate.

Il Maestro annuì con il capo in segno di accettazione ma senza mostrare alcun segno di entusiasmo o gratitudine. Così il ricco mercante, seccato dalla reazione del Maestro, gli disse: "Tutto qui? Potresti almeno ringraziarmi per i doni che ti ho fatto!".

Il Maestro dal canto suo rimase sorpreso dalla reazione di

disappunto che facilmente era scrutabile sul viso del ricco mercante. Così il Maestro, con aria confusa, chiese al mercante: "Perché dovrei ringraziarti?".

Ed egli non proferì parola intimidito dalla reazione del saggio. Dopo qualche secondo di assoluto silenzio il Maestro insegnò al ricco mercante la lezione più bella che potesse imparare, gli disse: "è proprio chi dona che dovrebbe essere grato di farlo".

Sai perché ho voluto raccontarti questa storia? Perché nei miei ringraziamenti appare principalmente gratitudine verso quello che ho ricevuto. In realtà, non è così per me. La maggior parte delle persone tende ad essere riconoscente o grata solo per quello che ha ricevuto, poche persone sono grate anche prima di ricevere.

Continuiamo a rincorrere oggetti, cose superflue, ci circondiamo di persone tossiche che non fanno bene alla nostra mente. Chi ha avuto successo ricorda a se stesso di quanto sia invincibile e di quanta strada abbia fatto, perdendo, così, il senso del perché lo abbiamo fatto.

Chi invece non ha ancora avuto successo si commisera di quello che vorrebbe ma non riesce ad avere. Ci dimentichiamo troppo spesso che siamo vivi. Crediamo di vivere per sempre, in fondo in fondo sappiamo che non è così, ma fa niente, viviamo come fossimo immortali.

Non siamo immortali siamo condannati a morte dal giorno in cui siamo nati. Le decisioni che prendi impattano violentemente sulla tua vita, e talvolta anche le azioni che prendono altre persone possono impattare altrettanto violentemente sulla tua vita.

Siamo come dei, abbiamo il potere di cambiare la nostra vita quando vogliamo in base alle nostre scelte e abitudini. Non esiste una vita già prestabilita, se il tempo che ci è permesso di passare su questa terra è una tela, allora noi siamo gli artisti con il pennello in mano. Scegliamo noi cosa dipingere e come.

Non prendere mai decisioni affrettate o dettate dalla foga o dall'impulso. Pondera le tue scelte perché le decisioni che prenderai saranno decisive per il tuo futuro.

Se deciderai di approfondire o meno questo business, se deciderai di investire in te stesso nel mio percorso, se deciderai di chiudere questo libro arrivato all'ultima pagina e non volerne mai più sentir parlare… Tutte queste scelte cambieranno il tuo futuro e non sarà in alcun modo "il caso".

Saranno state le tue decisioni a portarti là, dove sarai tra 5 anni. Dove vuoi essere tu tra 5 anni? Chi vuoi diventare? Con chi vorrai essere? Cosa vorrai fare?

A prescindere da ciò che farai, a prescindere dalle decisioni che prenderai voglio farti portare via con te per sempre quanto sto per dirti. Sto per regalarti una forma mentis che cambierà la qualità della tua vita e la percezione di essa dall'esatto istante nel quale inizierete a leggerla.

A me ha cambiato la vita più di qualunque altra cosa. Se non sarai grato con te stesso e con il mondo, nulla potrà renderti felice. Non saranno i soldi o il successo o la nuova macchina… Non può esistere successo senza gratitudine. Non può esistere felicità senza quell'appagamento del sapere che siamo davvero fortunati e grati per ciò che abbiamo.

Sii grato, dunque, per la persona che sei. Sii grato di leggere queste pagine perché questo fa di te una persona diversa dalla maggior parte, quindi sii grato della persona che sei. La maggior parte non investe nella formazione personale, non crede che sia possibile cambiare la propria vita, non crede di essere all'altezza. Tu non sei così. Sii grato di questo.

Sii grato degli errori che hai commesso in passato, i loro fantasmi ti saranno da guida per migliorare le tue scelte.

Sii grato ai tuoi genitori, che essi siano stati buone guide o pessime guide. Questo non ha alcuna importanza. Sii grato con loro perché tu oggi sei questa persona grazie a loro, grazie ai loro consigli e grazie ai loro peggiori errori.

Sii grato per avere un tetto sopra la testa dove poter rifugiarti la notte, non darlo per scontato, per 1,6 miliardi di persone nel mondo non lo è.

Sii grato di avere cibo e acqua potabile in casa, per 2,1 miliardi di persone questa è una condizione di lusso. Sii grato se hai una casa di proprietà senza mutui pendenti, complimenti sei nel 7% più ricco al mondo.

Sii anche grato per vivere in questa parte del mondo, non è stata una tua decisione, 902 milioni di persone vivono in condizioni di guerra o povertà estrema (con meno di 1.9$ al giorno). Sii grato per essere vivo.

Ricorda: colui che è grato è sempre ricco abbastanza.

Conclusione

Il libro termina qui. Ti ho dato davvero moltissime informazioni che ti serviranno per partire in questo business.

Adesso sei consapevole di tutte le procedure e i vantaggi di questo modello di business. Hai capito come fare la ricerca del prodotto, come contrattare con le fabbriche, quali sono le strategie di marketing da utilizzare e come si affronta questo business da professionisti.

Ora puoi prendere queste informazioni e iniziare a creare un futuro basato sulla ricchezza e sul successo.

Puoi scegliere se percorrere la strada già spianata da me e dal mio team, ovvero da chi ci è già passato prima di te e ha fatto esperienza con oltre 200 studenti, con persone che hanno pagato di tasca propria i loro errori per fare test e per testare nuove strategie, oppure puoi scegliere la strada più difficile: partire da solo e rischiare.

Noi sapremo indicarti dove si trovano le buche, gli ostacoli e i tranelli, in modo che tu possa evitare di inciampare e in modo da farti percorrere in maniera lineare, con più facilità e senza dispersioni di soldi, energie e tempo, il tuo business.

Ti fornirò tutte quelle nozioni che nemmeno i miei competitor sanno. Ho scoperto cose sull'algoritmo di Amazon che pochi al mondo conoscono.

Grazie alle mie tecniche, consolidate e comprovate, potrai arrivare in prima pagina in pochissimo tempo senza errori. Questo sarà fondamentale per iniziare a vendere in maniera organica da subito.

Ti insegnerò come si costruiscono le strutture per creare un pre lancio con lo scopo di massimizzare le vendite e sbaragliare la concorrenza. Ovviamente cercando un prodotto con altissima richiesta di mercato e con una competizione bassa.

Il marketing avanzato che ti insegnerò farà un'enorme differenza e sarà spiegato in maniera molto approfondita in modo che tu possa scegliere quali utilizzare in base alla tua strategia e al tuo prodotto.

Ti darò i miei trucchi più segreti che ti saranno utili per stupire il cliente, fargli un'ottima impressione e farlo innamorare del tuo prodotto. Imparerai a far diventare un semplice cliente, un cliente ripetuto.

Ti insegnerò a vendere a prezzi più alti rispetto alla concorrenza e ti darò le armi in mano per marginare di più da subito e prendere tutte le quote di mercato al tuo competitor.

Ti darò tutti i miei *template* già pronti e compilati che dovrai solamente inviare, in più avrai il supporto del nostro Brand Identity Designer e dello Studio Commercialisti più famoso d'Italia.

Ora diventa fondamentale da parte tua investire in te stesso e nella tua formazione per apprendere tutte le informazioni che sono davvero efficaci prima di avviare il tuo business su Amazon. Un grattacielo sarà tanto alto quanto solide sono le basi che lo sorreggono.

Tra l'altro, tutte le competenze che insegno si possono replicare anche su altri modelli di business. Oltre alle metodologie *step by step*, infatti, è essenziale cambiare la tua mentalità e il tuo approccio alla vendita di prodotti fisici. Questo farà la differenza tra il successo e l'insuccesso.

Di solito si guarda alle persone di successo pensando che abbiano qualche superpotere segreto, che siano dei geni o che abbiano avuto fortuna. Invece no, è dipeso solo dalla loro mentalità e dalle azioni che hanno fatto.

Giungere alla vittoria sarà faticoso, lo è per chiunque. Nessun imprenditore di successo può dire che sia stato facile. Devi diffidare di chi racconta queste belle favole, non è così.

So che è bello da pensare, tanto bello che diventa davvero pericoloso quando inizi a crederlo. Le persone di successo studiano, si formano, hanno abitudini positive e si applicano.

Dentro noi abbiamo un lato costruttivo che ci motiva, ci fa sognare, sperare, migliorare e che ci suggerisce di lavorare sodo per i nostri obiettivi e i nostri sogni. Abbiamo tuttavia anche un lato oscuro dentro di noi che cerca di autosabotarci, farci rimanere inermi nella zona di comfort e, talvolta, tenta di distruggere quello che creiamo.

Tutti indistintamente abbiamo dentro queste due forze opposte: ma abbiamo anche il potere di scegliere quale far vincere e quale delle due nutrire.

A volte si pensa che devi sapere tutto di quel business per ottenere il successo: invece la chiave di volta spesso sta nel come gestisci la tua testa. Tutto qui. Tanto semplice da dire quanto difficile da applicare se non hai tutti gli strumenti necessari.

Non c'è nulla di più sbagliato che pensare che tutto sia casuale e dato dalla fortuna o dal caso. Sai invece da cosa dipende la "fortuna"? Dalla tua responsabilità.

Se diventi consapevole, affronti le tue credenze e fai azioni continuamente, il successo sarà tuo. Impara a gestire la tua mente in modo da tenere sotto controllo le tue emozioni e i tuoi comportamenti.

Assumine il pieno controllo, soprattutto quando le cose non vanno proprio come vorresti.

Per chi è alla ricerca di garanzie e certezze, io non posso dartele perché l'unica variabile sei tu e come agisci: al di là delle competenze dipenderà dal come ti approcci e con quanta serietà ti applicherai.

Io sono pronto a darti tutto quello che ti serve: gli strumenti migliori, le strategie più perfomanti, le informazioni più aggiornate e gli insegnamenti *step by step* su come applicarlo.

E tu? Farai la tua parte applicando gli insegnamenti? Io penso di sì, e non vedo l'ora di intervistarti come mio prossimo caso studio.

Ti auguro una buona vita, e sono grato a te, amico o amica mia, per aver dedicato il tuo prezioso tempo alla lettura di questo agglomerato di concetti cervellotici. Grazie.

Spero di poterti conoscere e di abbracciarti virtualmente all'interno dei miei programmi formativi. Mi auguro di vederti entrare nella nostra grande maxi-famiglia con le migliori intenzioni di cambiare la tua vita e di rendere quei sogni reali. Io sarò lì per assisterti e supportarti nel tuo cambio di vita, se lo vorrai.

P.S.: ne ho approfittato per farti un regalo o 2. Nella pagina successiva scoprirai di cosa si tratta.

Al tuo successo,

Mitch

Ecco la sorpresa speciale che ho riservato per te

Voglio farti un regalo. Dato che hai preso una decisione importante acquistando il libro e, dato che questo è il tuo primo passo per migliorare la tua vita, ho pensato di premiarti regalandoti una consulenza di 45 minuti *one to one* completamente Gratis o con me o con un Mentor del mio Staff.

Di cosa si tratterà in questa consulenza? Attraverso la Consulenza Strategica riusciremo insieme a fare un check della tua situazione, delle tue idee e valuteremo insieme quali sono le strade che potrai prendere in base alla tua situazione.

Andremo ad analizzare la tua condizione attuale, e rimuoveremo una volta per tutte gli ostacoli che oggi ti impediscono di raggiungere velocemente i risultati personali e professionali che desideri.

Avrai a disposizione un vero esperto del nostro metodo che

analizzerà i tuoi prodotti (qualora tu li avessi già) o, se partissi da zero, ti darà indicazioni precise e dettagliate su come fare per crearti il tuo business online…

Sempre che questo sia fattibile per te. Avere la possibilità di parlare con me o con un nostro esperto ti sarà di enorme aiuto perché potrai scoprire se effettivamente è un business adatto a te, ancora prima di iniziare.

Poi, se lo vorrai e se ci saranno le condizioni, potrai entrare a far parte dell'élite dei miei studenti del Metodo Evolution a condizioni uniche e vantaggiose, che non offriamo a nessun altro imprenditore esterno e che sono riservate solo a te in qualità di lettore del mio libro.

Come fare per ricevere questa consulenza strategica gratuita?

Molto semplice, mandaci un'e-mail all'indirizzo:
info@fbaevolution.com
Ti aspetto. A presto!

Vuoi ottenere facilmente
un altro fantastico regalo?

Per ricompensare la fiducia che mi hai dato acquistando il libro che tieni tra le mani vorrei farti un altro fantastico regalo (ovviamente oltre alla consulenza strategica gratuita di 45 minuti che ti ho presentato prima) in cambio di un tuo piccolissimo gesto: un'azione semplice ma che può aiutare tantissime persone curiose e con la voglia di cambiare vita proprio come te a venire a conoscenza del libro. Di che regalo si tratta?

Ti voglio regalare l'accesso gratuito al 13% di tutti i miei programmi formativi. Parliamo di ore di formazione completamente gratuita e con un accesso *lifetime*. Cosa vuol dire?

Che avrai accesso a vita al 13% di tutti i corsi già esistenti e futuri che usciranno. Avrai la possibilità di sbirciare all'interno dei nostri programmi formativi per avere l'assoluta certezza della qualità che la nostra azienda offre.

Nello specifico troverai ben 21 lezioni di:

- Mindset.

- Meglio la logistica di Amazon o una nostra (strategicamente parlando).

- Lezione di fiscalità dal nostro partner Massimiliano Allievi.

- La psicologia del colore per realizzare un brand.

- Il prodotto perfetto.

- Come si usa Google Trends per la ricerca di mercato.

- 3 lezioni sul software geniale Helium10.

- Come creare un packaging.

- Come gestire i Sample in maniera ottimale.

- Come differenziarsi.

- Quali festività e come comportarsi.

- 2 lezioni sul copywriting persuasivo improntato alla vendita.

- Come agire strategicamente su un annuncio.

- Quali sono le regole per farsi fare le recensioni.

- Una panoramica dell'App Seller Central.

- 2 live di Q&A nel gruppo privato Bonus!

E… qualora uscissero altri video-corsi, avrai accesso direttamente in maniera completamente gratuita anche al 13% di quelli!

Come puoi fare per ottenere questo fantastico regalo? Il modo è semplicissimo. Se il libro che hai appena letto ti è piaciuto, ti è stato utile e intendi aiutare altre persone come te, devi:

1. Inviare una recensione video del libro all'email: ufficio.evolution@gmail.com.
2. Recensire, anche brevemente, il libro su Amazon.it.

Superati questi 2 semplicissimi passaggi avrai subito accesso al Video Corso Free Pass – Il 13% di tutti i video- corsi presenti e futuri prodotti dalla nostra azienda di formazione in modo completamente gratuito.

Grazie ancora per aver preso la tua copia del libro. Un enorme in bocca al lupo per gli importanti traguardi che sono certo raggiungerai.

Se riscontri qualsiasi problema con questa procedura, scrivi a info@fbaevolution.com.

Oppure chiama il numero verde gratuito 800.56.17.17

Se vuoi imparare a vendere su Amazon con successo o vuoi avere maggiori informazioni a riguardo.

Chiama il numero verde gratuito

800.56.17.17

Oppure

https://www.metodoevolution.it/offerta

Ringraziamenti personali

Grazie al me stesso di 2 anni fa. Grazie per avere iniziato a leggere, grazie per aver deciso di smettere con le stupidaggini, grazie per aver sempre lottato per le tue idee, grazie per non aver mollato mai, nonostante i numerosissimi fallimenti.

Grazie per essere stato sempre così tanto egocentrico da pensare che solo tu avevi ragione, nonostante tutti gli altri dicessero che era impossibile. Grazie per aver chiuso con tutte quelle persone inutili che ti tenevano ancorato al fondo.

Grazie per aver smesso di voler essere una persona mediocre. Grazie per avere pagato il prezzo in anticipo rinunciando temporaneamente ai tuoi hobby e ai tuoi divertimenti, in visione di un futuro migliore. Grazie per avere affrontato le tue paure più grandi con la tua solita sfacciataggine.

Grazie per aver reso possibile il mio presente. Grazie di avermi dato la possibilità di vivere la vita che sognavo. Grazie per la libertà che mi hai regalato. Grazie per esserti sacrificato e grazie per avere dato la tua vita affinché potessi creare la persona che sono oggi.

So che non puoi leggere queste righe di ringraziamento, ma grazie mille per quello che hai fatto per il "me" di oggi. Se tu non fossi morto, questo libro non sarebbe mai nato.

Vorrei ringraziare anche tutte le persone che non hanno mai creduto in me. È anche grazie a voi se non ho mai mollato, odio farvi vincere. Quindi grazie per avermi dato la motivazione a non arrendermi.

Grazie alla mia università per avermi fatto capire che quella laurea non mi avrebbe mai concesso la vita che volevo. Mi dispiace per voi, ma non siete mai riusciti a convincermi che quel foglio di carta fosse davvero la chiave magica che potesse migliorare la mia vita.

Grazie ai miei professori delle superiori che mi hanno sempre detto che non avrei mai combinato nulla, che ero troppo fuori dagli schemi per trovare lavoro. Avevate ragione, non ero fatto per trovare lavoro, io non ero come voi, non riesco a seguire le regole di qualcun altro chinando la testa.

Grazie a mio padre per avermi insegnato chi non volevo diventare. Anche senza di te non sarei mai riuscito a fare quello che ho fatto. La paura di essere come te era più forte di qualunque altra cosa.

Grazie a questo libro, che mi ha dato la possibilità di togliermi molti sassolini dalle scarpe.